LA CARA OCULTA DE
HAMLET

JUAN MAÍLLO

LA CARA OCULTA DE HAMLET

letradepalo
ediciones

www.letradepalo.es

La cara oculta de Hamlet

© Juan Maíllo, 2014

Ediciones Letra de Palo, S.L., 2015
www.letradepalo.es
www.facebook.com/Letradepalo
editorial@letradepalo.es

Diseño cubierta y maquetación: Letradepalo
Fotografías cubierta: Chris Harvey / Bowie15

2º Edición
ISBN: 978-84-15794-22-6
Materia IBIC: FH

A ti

Soy príncipe y pertenezco a la realeza pero soy hombre que un día estará en la tumba como todos porque somos iguales: reyes y plebeyos, hombres y mujeres, niños y ancianos. Y si me apuras, insectos o animales invisibles por su pequeñez.

Hamlet

De todos los fantasmas, los fantasmas de nuestros antiguos amores son los peores.

Sir Arthur Conan Doyle

PRIMERA PARTE

¿**B**uscan las novelas y la vida la Gran Verdad? No sabría decirlo *a priori*. Al igual que tampoco responder a preguntas como ¿qué hay después de esto? ¿Luz o oscuridad? ¿Qué nos deparará el destino? ¿Soñaremos quizás con él y tendremos una visión reveladora? ¿Existe el destino tal cual o no? Lo único que puedo aportar por mi parte es el caso que conocí. ¿Alguien se ha preguntado por qué Hamlet tardó en vengar a su padre? Yo, Horacio, lo sé y lo voy a relatar. No quedará nada escondido. De la oscuridad donde llevaba mucho tiempo lo sacaré a la luz. Igual que conté la historia teatral que casi todo el mundo conoce, narraré esta otra. Se suele decir que la mentira tiene las patas muy cortas. Pues lo mismo diría del ocultamiento de la certeza. De eso no hay que dudar. Ni tan siquiera se puede esconder en la vida de un alma tan valerosa y masculina como la de él, que murió por defender la justicia y que esta se hiciera presente y duradera para las futuras generaciones. Aunque le costara su propia vida. Con su propio aliento respondió. Siempre fue tan valeroso que nunca le tuvo miedo a la muerte. Hamlet me encargó que contara su tragedia. He estado mucho tiempo pensándome si sería conveniente revelar esta historia que viene a continuación. Tenía miedo teniendo en cuenta que se trataba de una personalidad tan importante como la suya. Sin embargo, necesitaba hablar porque lo que sucedió en el castillo muy pocas personas lo supieron y las que sí no tuvieron el valor de hablar de ello. Tan escondido como los culpables de la muerte de su padre que solo al final se supo. He de reconocer al igual que todo el mundo que sabe de su tragedia que, posiblemente desde que nació, fue dotado de una enorme capacidad de seducción –no sé yo si a mí también la naturaleza me agració con semejantes dones– y que por tanto me vi arrastrado por esa atracción. Como una flecha me apuntó ya desde el primer momento que los dos nos miramos directamente a los ojos y me diera de lleno y sin remedio. Estaba atormentado por lo acaecido con su padre y se le podía incluso reprochar que tardara tanto en decidirse a desvelar el misterio del parricidio. Pero esta tardanza, más que a su carácter heroico y decidido, se debió a lo que voy a relatar a continuación. Incertidumbre por parálisis y miedo. Esas son las palabras que mejor definiríanlo que he sentido durante muchos años y que me coartaron de no hacer lo que hago en estos momentos, pues sé que todo esto ocurrió en secreto. Pero había algo dentro de mí. Una fuerza poderosa que me arrastró a recomponer lo sucedido. Había noches incluso que venía a mi cuarto y mientras yo estaba sentado en la cama, se agachaba y ponía su cabeza en mi regazo, mostrando su sufrimiento llorando, para que lo consolara. Yo, Horacio, como su mejor e inseparable amigo que fui, lo viví en primera persona. Como el más fiel de sus amigos. Aquí está la historia que muestra las caras ocultas de Hamlet. La otra narración.

Peripathos fue una de las palabras nuevas con que Hamlet se relamía en Wittenberg como si fuera un perro con un hueso al igual que con el novedoso vino, proveniente en algunas ocasiones de tierras lejanas, que le ofrecían tomar en sus comidas. Mientras en clase escuchaba a su admirado profesor de filosofía, a pesar del diario aliento a alcohol que le hizo ser objeto de burla entre sus alumnos, se imaginaba a todos los más grandes e importantes pensadores de la Grecia clásica dando agotadores –por su elevado número– paseos por los jardines de la academia de Aristóteles, discutiendo, comentando, hablando y hasta bromeando de cualquier interrogante o duda que le pudiera surgir a los fieles alumnos. El cielo que se alzaba sobre sus cabezas era muy diferente al que ahora cubría al príncipe de Dinamarca. Era muy raro ver el horizonte azul en aquel país mientras que Grecia se le antojaba blanca y celeste todo el año.

Pero el sabor de lo peripatético pudo exportarlo a su castillo –no así el vino, aunque todo se andaría, pensaba en voz baja mientras caminaba solo por los extensos jardines– pues si bien cuando era más joven gustó de dar largos paseos a pesar de las inclemencias del tiempo. En ese momento, que ya había terminado sus estudios, podía disfrutar plenamente de ese pasatiempo a cualquier hora. Prefería la mañana y si fuera posible a eso de las ocho y media o como más tarde a las nueve. Especialmente en otoño. Era su época preferida y no sabía bien por qué. Quizás por la caída de las hojas y porque podía oírlas crujir al pisarlas o pudiera ser porque no aguantaba el calor del verano y sudar casi constantemente y a diario –ya llevaba el calor dentro y le sobraba el de fuera–. Sentía a veces un cierto complejo, precisamente por este punto, cuando en alguna conversación los demás manifestaban que la favorita era o el verano o la primavera. Una vez en uno de esos paseos se lo preguntó a sí mismo y acabó concluyendo que no, que era porque le inspiraba más que cualquier otra estación y porque invitaba mucho más a darle la bienvenida al ocultamiento del invierno. Reconocía que el verano era agradable a pesar de las temperaturas y que la carne parecía estar más distendida y abierta a posibilidades más apetecibles a su joven edad.

Sin embargo este otoño fue mucho más amargo y estéril que todos los demás. Andaba atribulado. Estaba más para allá que para acá, como se suele decir, y yo lo viví en mis carnes y lo sufría igualmente. Hamlet me dijo que lo único que le apetecía a veces era encerrarse en su cuarto y llorar. Debido a mis menesteres en el ejército, buena parte del año me la pasaba fuera. Cuando por un motivo u otro teníamos que salir, conforme íbamos abandonando el castillo, sentía en mi interior como si el fuerte cordón afectivo que me unía a él se fuera estirando conforme mi caballo se alejaba cada vez más del castillo. Sentimiento que se iba acrecentando según veía cómo cada piedra del camino la iba dejando atrás. Cuando ya se había perdido de mi vista la fortaleza podía casi oír cómo ese cordón, literalmente, se rompía del todo. Pero mi preocupación por él en aquellos momentos lo impidió. Seguía acordándome de él siempre y, cuando estaba en el lecho a punto de dormirme, a menudo le dedicaba mi último pensamiento y me preguntaba qué estaría haciendo en ese instante, mi valiente y apuesto príncipe.

Pasear se había convertido en su mayor afición. En aquellos momentos no solo era un pasatiempo. Ya era una completa necesidad. Tenía que estar solo y pensar. Sí. Pensar. Pero tampoco dedicarse exclusivamente al discurrir humano. No. Mover sus miembros y así ayudar a su cabeza a que lo hiciera igualmente. Calibrar todas las cosas y una vez hecha esta tarea, actuar. Con contundencia y gallardía. Tal y como siempre lo había hecho. Resoluto en sus palabras y seguro en todos sus ademanes. Con paso fuerte, decidido y varonil de sus pies tal y como sabía que me gustaba. Como su más íntimo amigo que yo era. Con aquella voz grave y sin ningún matiz de fragilidad. Con aquellos ojos grandes y verdes que apenas parpadeaban ante las dificultades presentes y venideras. Con su sempiterna barba que le protegía del frío y de la debilidad y con aquel cuerpo fornido en las dificultades y admirado por mí y por todas las mujeres de la corte al que sonreían cuando pasaba por su lado y le regalaban una mirada de arriba abajo, escudriñadora y plagada de deseo.

Ese era el Hamlet que paseaba aquella mañana del mes de octubre por las afueras de nuestro castillo. Con la cabeza agachada y las manos en la espalda. Contando a veces el número de pasos que daba como si fuera un ejercicio de relajación mental que lo hacía momentáneamente olvidarse de lo que se le había venido encima. Echaba de menos las clases en la universidad de Wittenberg. Sí. Pero no tuvo más remedio, al conocer la trágica noticia, que venir presto a la corte. Ya había decidido no volver. Ahora no podía. Su corazón y su cerebro lo mantenían allí y no sabía ni quería conocer hasta cuándo.

Esa misma mañana sucedió. Mientras caminaba vio de repente dos huesos ensangrentados. Al principio le pareció aquella visión un tanto rara pues no acostumbraba a encontrarse semejantes cosas en su habitual ruta peripatética. No se paró sino que siguió su caminata pero ya no pudo olvidar esa imagen. Habiendo dando unos pocos pasos, se encontró de nuevo y al borde de la senda dos o tres huesos más. Esta vez eran algo más grandes que los anteriores. Calculó que alguno de ellos podía llegar a medir casi medio metro. La senda de su camino favorito estaba pulcramente delimitada por los jardineros de su corte y siempre dio instrucciones especiales para que así estuviera en cualquier época del año. No gustaba de imperfecciones y menos en sus más queridas aficiones. El camino estaba rodeado por hierba verde y fresca debido a la muy constante acción de la lluvia, y quedaba adornada por multitud de flores muy cuidadas que se vestían de gala en primavera. Al príncipe siempre le habían gustado las flores pero se veía incapaz de dedicarles su tiempo tal y como lo hizo su abuela materna. Sin embargo las tocaba y olía a riesgo de que algún insecto le picara en su perfecta nariz. Haber visto un hueso de semejante extensión le hizo volver atrás y pararse a observarlos con detenimiento.

Eran frescos por la sangre que aún tenían y porque parecían haber sido mordidos recientemente. Se agachó y vio cómo ninguno de ellos conservaba sin embargo el más mínimo atisbo de carne o piel. Completamente pelados y parecía que relamidos a gusto. No quiso coger ninguno en aquel momento para no mancharse por los escasos restos aún del líquido rojo. Pero luego y conforme se levantaba cambió de opinión y cogió uno de los trozos, aunque el más pequeño, pues su curiosidad le impidió dejarlo allí abandonado. Tal cual, se lo metió dentro de la manga derecha de sus sempiternas negras ropas. Le cabía perfectamente y lo sostuvo el rato que tardó en llegar a su alcoba con el dedo anular para no mostrarlo. Una vez en su habitación se sorprendió de sí mismo por haber emprendido semejante acción. Desde que llegó de la universidad y debido a los acontecimientos, intuía que se iban a producir muchos cambios no solo en la corte sino en su persona. Pudiera ser que esto que había hecho era una actitud nueva. ¿Qué miembro de la realeza se agacharía a coger un trozo de hueso ensangrentado? Nadie más que él. Hamlet. Él, según algunos un varón valiente y atractivo, y según otros un miedica y casi loco. Ya hasta empezaba a dudar de la opinión que tendría su madre. Lo primero que hizo nada más llegar al castillo fue meterse en su cámara. Una vez allí lo sacó de su manga y se sentó en el filo de la cama con él en la mano. Empezó a observarlo detenidamente y en aquel proceso de cuando en cuando se lo llevaba más cerca de sus ojos para poder apreciarlo mejor. Sabía, desde el primer momento que lo vio tirado, que había algo raro no solo en él sino en los demás que dejó abandonados en el camino. Por sus dimensiones y tamaño no parecía que fuera de animal y en ese caso tendría que proceder de uno realmente grande. Era de una pierna o pata dependiendo del origen de su especie. Entonces se volvió a preguntar en la soledad de su cuarto que qué demonios hacía él con semejante pieza en la mano pues si entrara alguien en ese momento y lo pillara en dicha acción pensaría de él que estaba tarado o algo muy parecido. Afortunadamente para él nada de eso pasó y habiéndose aburrido de mirarlo y empezando ahora a preocuparse más por su origen, decidió coger la pieza ósea y enseñársela a su madre. Aún era pronto para comer así que se le ocurrió que estaría despachando los asuntos diarios junto con su reciente esposo.

Para Hamlet, Helena estaba perdidamente tierna y tenía los ojos entre verdes y marrones. Al mirarla la primera vez, la gente creía que eran del primer color pero cuando se acercaban se daban cuenta de que no eran verdes del todo sino que en su interior se mostraban matices marrón claro, como un pequeño tesoro que guardaba para las almas valerosas y arriesgadas que se acercaban a semejante belleza. Era rubia castaña, ni muy oscura ni muy clara tampoco y tenía el pelo ondulado lo que le infería cierto carácter diferente al resto de las hijas de las ocho doncellas de la reina. Tenía un pecho y un trasero generosos lo que la convirtió en diana de muchos ojos, tanto masculinos como de su mismo sexo que se los clavaban adelante y atrás. Hamlet se enamoró de ella hasta el mismísimo tuétano desde las primeras veces que la miró directamente a aquellas pupilas, para él siempre alegres. Al principio luchó y luchó contra esos primeros sentimientos que veía que se estaban formando en su interior como si de una planta que intenta echar raíces se tratase. No era la primera vez que le pasaba, así que sabía lo que tenía que hacer: no luchar contra ello pues cuanto más lo hiciera sería peor y eso tampoco le hacía mucha gracia. Conforme pasaron las semanas después de las primeras miradas huidizas y haber clavado de lleno sus ojos en su justo trasero, ya era raro el día que no se acordara de ella y se preguntara qué estaría haciendo en esos momentos. Estaba acostumbrado a ser objetivo de miradas por todos y todas pero en el caso de Helena no sabía si era por el excesivo interés que ella manifestaba por él cuando lo miraba, o simplemente porque a él le encantó desde que la vio. Antes de servir a su madre, la familia de Helena estuvo en casa de un marqués adscrito a la corte y se pudieron ir al castillo porque los recomendó la tía de Helena, que era como una más de la familia real ya.

—Hola madre —dijo nada más entrar en el enorme y poco amueblado despacho.

—Hola Hamlet. Ven aquí hijo. Déjame que te dé un beso. ¿Cómo estás? —le preguntó seguidamente.

Al lado de ella estaba su tío que seguía con la cabeza agachada en su mesa mientras escribía algo. Se acercó y besó a su madre primero y con más fuerza.

—Te veo preocupado.

—No es nada mamá. Estoy algo cansado. Horacio tuvo que marcharse y aún me preocupa cómo le irá.

—¿Querías algo? —le preguntó.

—No. Nada. En realidad la luna no tiene cara oculta. Los humanos tenemos muchas. Al final todo es oscuro.

—¿Cómo? —le preguntó mientras su ya marido Claudio ahora sí elevó la cabeza y lo miró extrañado fingiendo a la vez cariño por él.

—Nada, nada. Son cosas mías, madre. Me tengo que ir a despachar unos asuntos.

Los recién casados se quedaron mirando cómo se iba con la cabeza agachada.

El hueso seguía en su manga derecha. Una vez en su cámara lo cogió de nuevo y esta vez lo metió en un cajón.

La vida diaria en el castillo era bastante aburrida y aparte de mi presencia allí, que por otra parte él deseaba que me dejara de campañas y heroicidades y regresara pronto, no tenía amistades aunque gustaba de hablar con cualquiera: nobles, soldados, criados, doncellas e incluso hijos e hijas de estas últimas. El resto de aquel día prefirió pasarlo leyendo: filosofía griega y poesía latina sobre todo y por la tarde cogió su caballo para dar un paseo. Echaba de menos a Helena. Ese día no la había visto. No le extrañaba mucho pues en ocasiones pasaban dos o tres días sin verse. Pero ya echaba de menos verse reflejado de nuevo en sus ojos verdes amarronados y poder agarrarla del talle y apretarla fuerte entre la pared y él, tal y como a ella le gustaba, para luego besarla. Las noches se hacían interminables los días que no la veía. Al acostarse solo en medio de aquella enorme estancia llena de toda clase de lujos, le sobraba todo. Especialmente la pesadez en el pecho que sentía al respirar antes de quedarse dormido como si toda la presencia de Helena se le hubiera puesto encima, de pronto, para hacerse notar y luego aprisionarlo.

Cuando eso le sucedía, tenía que abrir la boca mucho y coger el suficiente aire para que poco a poco se le fuera escapando la pesadez que se le instalaba en su pecho al añorarla.

Eso mismo pasó esa noche. Sintió doble sensación de abandono al acordarse de su padre, de su mirada casi perdida que en sus últimos días le mostraba como si se diera cuenta de su presencia pero no del todo. Enseñando una cierta frialdad por la posible pérdida de visión debido a la vejez. Tumbado en la cama boca arriba y con la imagen de su padre mirándolo esta vez con auténtica ternura, Hamlet, solo, y echando de menos ver la cara de Helena cerró poco a poco los ojos hasta que cayó dormido.

Caminó por el pasillo hasta que entró de nuevo en su cámara. Nada más entrar, allí estaba. Sentada en su sillón preferido, con un vestido verde marino y mirándolo a la vez que le sonreía. Mostraba una cierta paz interior. Hamlet se le acercó con la cabeza ligeramente agachada como cuando un perrillo se acerca a su amo esperando una palmadita o quizás una caricia en la cabeza.

—Te he echado tanto de menos. Te quiero tanto. Te estrujaría ahora mismo a abrazos —le dijo nada más acercarse a ella.

Helena no se levantó sino que permaneció en el sillón sin apartar la vista de él. Le pareció mucho más joven de lo que era y la veía toda envuelta en un halo de luz blanca algo difuminada que la hacía más inasequible y casi intocable.

—¿Estás bien? —le preguntó—. Hace unos días que no te veo y ya no podía aguantarme las ganas. ¿Sientes alguna molestia? —le preguntó, esta vez a su lado e inclinándose para acercarse más a su regazo.

—Estoy bien. No siento nada por ahora y estoy contenta de que vengas a verme después de estos días. Yo también te he echado de menos —le respondió ella—. Yo también, repitió. Sintió de repente que no la tocaba sino que se evaporó entre sus manos como cuando en una mañana de niebla muy espesa uno pudiera hasta tocarla pero luego se diera cuenta de que no, que era solo vapor.

Entonces Hamlet despertó. Se tocó para cerciorarse de que había sido un sueño y empezó a recordar sus imágenes y esos sempiternos ojos alegres. Pero ya no pudo volverse a dormir. Pasó al menos una hora hasta que lo consiguió y en ese rato dio vueltas y más vueltas en la cama acordándose de su padre y de la última visión que tuvo en la que le habló. No podía borrarse de su mente la cara de la joven y tampoco quiso que se fuera esa imagen porque le gustaba regocijarse en su visión.

El tiempo seguía pasando. Había oído que cuando no se podía conciliar de nuevo el sueño era conveniente salirse de la cama e irse a otro lado, pero no le apetecía pasar frío porque tenía que encender alguna lámpara y quizás molestar a alguien con el ruido. Hamlet ocupaba toda la almena que daba al sur. Su padre hizo que se instalara allí con todas las comodidades y no le puso casi ninguna prohibición a partir de su mayoría de edad. En aquellas noches de otoño el viento empezaba a soplar más fuerte de lo habitual y en ocasiones él, a pesar de su fama de valentía y decisión, echaba a volar la imaginación cuando se oía quizás tan fuerte que chocaba en las ventanas. Se podía oír en el silencio de la madrugada cómo daba contra la piedra de su almena hasta incluso intentar romperla e irrumpir a bocajarro en su alcoba. Realmente el viento era un ser vivo. Hamlet se daba la vuelta y cerraba los ojos creyendo que con ese gesto lo oiría menos. Aquella noche nada sonó fuera. Había un silencio sepulcral. A la hora el príncipe volvía a roncar elegantemente.

El sentimiento de abandono, soledad y hasta sospechas de conspiración se habían instalado ya en su espíritu después de la trágica noticia. Pensar que jamás volvería a verla al igual que a su padre lo atormentaba y se negaba a aceptarlo. Y ella encima se fue con el secreto de los dos guardado y muerto ya en su vientre. En aquellos momentos, lo único que le podía consolar era la idea de que algún día pudiera volver a ver la mirada de tristeza de su padre y los ojos alegres de Helena. Después del sueño con ella y ya con la luz del nuevo día, a Hamlet lo despertó de nuevo el ruido del viento contra la piedra. No era tan fuerte como antes pero sí lo suficiente como para hacerlo volver a la realidad física. Al abrir los ojos la primera imagen que aún conservaba en su retina era la de su padre sonriéndole y mirándolo con aquellos ojos grises llenos de ternura. Se le había incrustado. Ese día tocaba despachar los asuntos reales que como migajas de pan le dejaban su madre y Claudio, por eso aligeró su baño y desayuno para poder dar su obligado paseo alrededor del castillo antes de enfrascarse en los asuntos que menos le gustaban y más le aburrían. No era persona de deleitarse con la presencia de emisarios, consejeros, aliados y nobles. Menos ahora. La mayoría de las veces prefería estar solo y a las malas, rodearse de plebeyos y, según la opinión generalizada, poblacho maloliente. Pero esas personas le inspiraban más confianza pues sabía que quien dormía con animales para que les dieran calor en las frías noches del invierno que se acercaba, eran más dignos de su respeto y más raros de engañarle. Su padre nunca entendió tanto trato con el pueblo llano pero así fue por la parte de Hamlet. Esa faceta oculta le acompañó siempre. Tenía de todo lo imaginable y por imaginar, hasta las muchachas más atractivas y generosas que se pudiera encontrar uno. No solo en la corte sino fuera, en los poblachos donde había muchas vírgenes. Quizás e igualmente estas eran las que prefería por contener dentro de ellas tanta mezcla y pureza al mismo tiempo.

Gertrudis fue la encargada de contarle todo lo que había sucedido. Una vez acabó su tarea fue a buscarla a su despacho. Su tío no estaba y Hamlet tuvo que sentarse porque conforme avanzaba en la narración, proliferada con todo tipo detalles, sentía que se iba a caer porque las piernas paulatinamente iban perdiendo fuerzas. Según le contaba su madre, el príncipe no daba crédito a sus oídos. No podía ser que lo hubieran hecho de esa manera tan despiadada. Le parecía prácticamente imposible que alguien, que seguro era de la corte, hubiera cometido semejante atrocidad.

—Sí, hijo, sí —le dijo con lágrimas en los ojos—. Uno de los granjeros de palacio se la encontró. De los tres graneros estaba en el mediano. La cabeza apareció casi de casualidad entre la paja pues su hermoso pelo rubio se confundía casi a la perfección con la paja amontonada. Tuvieron que adentrar profundamente sus brazos y hasta meter el tridente para dar con ella. El que la cogió la tuvo que soltar al instante ante la macabra visión acentuada además por ver sus ojos vueltos y blancos. Ya no eran verdes. Del terror sufrido se tornaron blancos.

En ese momento Hamlet se sentó.

—Luego, huesos. Muchos huesecitos pelados y parecía que relamidos por las bestias. Misteriosamente demasiado blancos algunos. También un vestido verde marino tirado en el suelo.

—¡El vestido verde! —exclamó él.

—Lo peor es que se han encontrado una de las pequeñas dagas del rey entre la paja también. Te ruego, querido hijo, que esto se mantenga en secreto y oculto entre tú y yo ahora mismo y que nadie lo sepa hasta que se pueda aclarar algo de todo este crimen. No te veo capaz de hacernos daño. No vayas a comentar esto con nadie. Ni siquiera con Horacio. Esto tiene que quedar entre tú y yo. Recuérdalo. Es imposible que tu tío esté metido en un asunto tan macabro. Además, el cadáver lo encontraron esta mañana, deshuesado, eso sí y anoche estuvimos juntos y él no se separó nunca de mí.

En ese momento Hamlet dudó de que hubiera pasado solo una noche pues según sus cuentas eran dos las que ya habían transcurrido pues él vio los huesos haría ya dos mañanas. Se limitó solo a escuchar a su madre y asentir en la medida que podía y quería. Pero según le había ido explicando lo sucedido, sintió una flojera más fuerte aún que la anterior en sus piernas y el sudor empezaba a caérsele por la espalda. Le pareció que Gertrudis se dio cuenta pero antes de que empezara a preguntarle, optó por darse media vuelta y marcharse. En ese momento no le apetecía absolutamente nada. Solo estar solo.

Irse a su cuarto y no ver a nadie porque quería rememorarla. Recordarla lo máximo y mejor posible. Olvidarse de los malos recuerdos que tenía como cuando empezó a tontear con él y luego, para hacerse la interesante, no hacerle el más mínimo caso para que Hamlet sufriera. No. Quería acordarse de nuevo del brillo de sus ojos y de sus piernas rellenitas en su punto justo. Sus piernas y aquél hueso que tenía guardado en el cajón. Era de ella entonces. Tenía el hueso de la pierna de Helena. O bueno, un trozo astillado ligeramente. Ese era su recuerdo más palpable. Lo demás quedaba ya en la mente o en el alma, pensó. Una vez ya en sus aposentos sintió miedo por una pregunta que irrumpió de repente en su cerebro: «¿Y si alguien descubre el hueso y me culpan de su muerte? Encima encontraron una daga supuestamente de mi tío. Les haría sospechar más aún». Se levantó del filo de la cama donde estaba sentado y fue a por el hueso que lo tenía en uno de los cajones del gran aparador de madera maciza justo enfrente de los pies de la cama. Le costó abrir el cajón por su peso y cuando ya estaba medio abierto, vio el hueso. Solo. Con poquísima sangre que le quedaba y que empezaba a tornarse roja oscura y un olor que lo echó para atrás. Entonces quiso cogerlo para cambiarlo de sitio y cuando fue a hacerlo, su mano se quedó de una manera casi automática inmóvil, como petrificada. No podía moverla. Parecía haber sido objeto de una maldición. Empezó a sudar y a reflexionar: sentía un reparo tremendo de volver a agarrarlo sabiendo que era de Helena, que había pertenecido a una de las mujeres que más había amado en su vida. A aquellas piernas que tantas veces había acariciado, besado y que él gustaba de poner hacia arriba en sus momentos íntimos. El tacto que desprendía su piel y que se le quedaba en sus manos durante varias horas como si de un bálsamo se tratase. Helena era más bien alta. No tanto como él pero rozaría el metro setenta y cinco. Antes de empezar a estar con ella y después de haber reconocido a sí mismo que estaba enamorado hasta la médula, la imaginaba en su cuarto. Tumbada en la cama y desnuda de cintura para abajo. Esperándolo con las piernas abiertas y él sentado en el sillón de enfrente disfrutando de su presencia y haciéndose un poco de rogar en dulce venganza a lo que ella le hizo al principio.

¿Quién habría podido hacerle algo así a una mujer tan bella? ¿Qué habría perseguido al hacerlo? Haber disfrutado de ella, era la teoría que mejor le encajaba. ¿Habría sufrido la humillación y el dolor durante mucho tiempo? ¿Era solo uno o más los que la atacaron? ¿Sería Claudio de nuevo? ¿Y si era así? ¿Por qué lo hizo? Eran muchas preguntas sin respuesta inmediata algunas y otras sin respuesta por los siglos de los siglos, creyó. Pero según le daba vueltas y más vueltas, había detalles que no le cuadraban, como el haber encontrado sus huesos a mucha distancia. Desde los graneros hasta el paseo donde solía andar había un trecho demasiado largo como para arrastrarlos.

Además, ¿quién iba a querer llevarse los huesos de un lado a otro? No tenía sentido. En ese momento ya se encontraba demasiado agobiado por encontrarse solo como para seguir preguntándose todos los enigmas que pendían de aquel fatídico suceso. Entonces echó de menos no poder compartir esto con nadie y poder desahogarse mientras reclinaba la cabeza en mi regazo. Era duro. Con su madre ya ni podía ni lo que era peor, quería contar como antes lo hizo. Con su tío, ni mencionarlo y con los demás no tenía la confianza suficiente como para darles a conocer los secretos más encriptados de su alma. Pero ahora no estaba. Esperaba que no tardara mucho y que al día siguiente o como mucho a los dos días volviera con mi ejército y pudiera verme de nuevo. Tenía que salir de aquella habitación porque sentía que todo su mundo se derrumbaba. Era príncipe, sí pero ¿para qué? ¿Para que le dejaran el trabajo que nadie quería en la corte? O, ¿para qué que lo siguieran tratando como a un niño pese haber cumplido ya hacía tiempo los veinte? Sí. Para eso era el príncipe Hamlet. Para que se rieran de él en muchos sentidos. Pero no lo iba a aguantar mucho más tiempo. Se haría el loco para poder reírse de todos los que se estaban riendo de él. Para reírse en su cara y provocar la duda de su cordura en sus cerebros primero y luego en sus caras.

Sintió una fuerza poderosísima que lo empujaba a intentar descubrir qué pasó realmente con el cadáver de Helena. Primero, cómo murió y luego quién pudo haberlo hecho. Su madre le dijo que habían encontrado una daga que supuestamente pertenecía al rey. Pudiera ser perfectamente. Si el fantasma de su padre le informó de que había matado a su propio hermano y llegado a ese extremo ¿qué iba a impedirle hacerle lo mismo a su amada.? En la corte y por muy grande que fuera se sabía todo. Desde los criados hasta los príncipes, princesas o nobles variados. Y sabían que Hamlet, a pesar de mostrar en ciertos momentos algo de misoginia amaba profundamente a las mujeres. A todas. Y las querría aún más si su madre no hubiera colaborado en el parricidio. Su tío hasta ahora era el principal sospechoso. Y esto había que dejarlo oculto aún de acuerdo a su madre. Cosa que, según él también, era para no fiarse. Ver. Tenía que ver. ¿Dónde, Hamlet? Se preguntó a sí mismo. Los graneros de palacio. Allí encontraron sus restos. Los restos de su amada. Se dirigió allí presto y preocupado, cabizbajo y con cara esta vez de pocos amigos, mientras todas las doncellas y sirvientes que se cruzaron en el camino con él inclinaban su cabeza y lo saludaban. No estaba para celebraciones. Salió del castillo y se encaminó a los grandes y casi gigantescos almacenes de trigo. Los varios edificios que los conformaban y que estaban perfectamente alineados eran totalmente grises y sus techos destacaban por ser altísimos y húmedos. Cuando entró en el primero de ellos sintió en la boca del estómago un fino punzar que se fue acrecentando a medida que se adentraba en el enorme y frio frío espacio. A su encuentro le salió un hombre con el pelo completamente blanco y barba generosa con una mirada un tanto inquisitiva. El príncipe permaneció los primeros segundos distante e impasible. Luego le sonrió.

—¿Es usted el príncipe? —le preguntó con tono grave y hasta preocupado.

—Sí. El mismo.

Enseguida se arrodilló y agachó la cabeza. Entonces Hamlet lo agarró de su hombro derecho y lo subió.

—Perdone su majestad por no haberlo reconocido antes.

Hamlet se sonrió.

—No se preocupe. Uno se acostumbra a todo y tiene que pasar por todo. No tiene por qué reclinarse ante mí. Yo por ser príncipe no soy más que usted. Nadie elige su propio destino.

El hombre una vez ya de pie cambió su primera mirada de inquisitiva a incrédula al oír sus palabras.

—Es normal que se extrañe de verme aquí. Vengo por lo de los restos humanos que se encontraron hace poco. Quería que me contara todo lo que sabe. Si es que sabe algo, claro. Pero tiene que quedar en secreto pues no se debe dar ningún tipo de difusión, ni de que yo he venido a visitarlo. Solo entre usted y yo.

—Bueno, yo cuando llegué por la mañana me lo encontré todo. Mejor dicho, parte.

—¿Cómo que parte? Vamos a sentarnos si no está muy ocupado y me lo cuenta más tranquilamente.

—De acuerdo, —dijo el hombre—. Si no le importa estar conmigo en este estercolero… —añadió.

Hamlet calló.

El hombre se dirigió a una de las esquinas donde tenía montado su pequeño refugio con una mesa y dos taburetes de madera igualmente grises. Cogió una jarra de vino y llenó dos copas de madera que tenía en uno de los estantes.

—Lo hago yo mismo, le dijo. Es más bien suave. No sé si le gustará. No le puedo ofrecer más que esto.

Hamlet lo miró con compasión ahora y habló tras haber dado un sorbo al vino con sabor a barrica.

—Para mí es un honor poder hablar con usted, se lo aseguro. Si no fuera por las circunstancias de este encuentro. La muerta era hija de una de las mejores doncellas de mi madre. Quiere saber todo lo que pasó. Me mandó a mí personalmente para que se investigara. Se dice en la corte que usted fue el primero en descubrir los restos o ¿acaso me equivoco?

—No. No se equivoca majestad. Fui yo el desafortunado. Los graneros se quedan abiertos día y noche pues quién va a sospechar que entre aquí nadie. No hay ningún objeto de valor y los animales duermen en los establos y las pocilgas. Eso no quita que de madrugada alguna pareja lo aproveche como lecho de amor. Pero bueno, eso está dentro de lo previsible.

—Cuénteme. Haga el favor. ¿Qué ocurrió esa mañana? —le cortó.

—Pues verá. Como todas las mañanas entré cuando el gallo ya había cantado varias veces. Era un día como otro cualquiera. Bueno, una cosa que me chocó era que no corría nada de aire. Estaba todo demasiado quieto. Demasiado. Entonces entré y no vi nada raro. Me fui a uno de los montones de paja. Concretamente ese de allí —dijo señalando al más grande que estaba a sus espaldas. Hamlet torció la cabeza para verlo. Vio que sobresalía algo de entre la paja—. Me acerqué y pude ver como los dedos de una mano. En ese momento pensé en llamar a alguien pues no sabía a lo que me podía enfrentar. Luego opté por no hacerlo y quedarme como estaba. Comprobé que era una mano y que el posible cuerpo quedaba enterrado entre el montón. Con cuidado tiré de la mano que por su forma y tacto ya sabía que era de una joven. La mayor sorpresa me vino entonces. Al tirar de ella en un instante me quedé con su mano colgando de la mía. Entonces me produjo una sensación de parálisis. A mi cuerpo le faltaba todo tipo de movimiento y empezaron a entrarme nauseas. Aquello me había, literalmente, dejado como una piedra. Nunca he podido ver a nadie muerto. Es algo superior a mí. Tan solo vi a mi madre y a mi suegra. Pero en esos casos no parecían fallecidas sino personas que algún día y quizás con suerte volverás a verlas. Pero quedarme con la mano agarrada fue muy impactante. Enseguida la solté y, tras hacerlo, vi que sobresalían más miembros de entre el montón. Sin pensarlo salí de aquí corriendo y gravemente atemorizado por el hallazgo y comencé a pedir ayuda. Después vomité. Varias mujeres que había fuera vinieron rápidamente en mi auxilio, y una vez dentro y mostrando mucha más entereza que yo, empezaron a sacar todos los restos que estaban esparcidos y sueltos. Entre ellos su rubia cabeza. Yo era incapaz de hacer nada. Mirar ya me costó trabajo ante aquel espectáculo que, su alteza, nunca en mi vida se me había presentado. Yo no soy un hombre al que le guste la violencia y la única matanza que había visto hasta ahora era la de las bestias o puercos para sus carnes o pieles. Era una auténtica carnicería y aun siendo los restos de una muchacha enormemente bella, le juro, que parecían simples trozos de animal sin más. Una cosa aún más extraña dentro de lo raro de todo esto, fue que una de las mujeres que ayudaron a recoger los restos encontró igualmente pequeños huesecillos que no eran humanos. Entre varias creyeron que eran de una bestia como un perro de presa o un lobo, pero si eran de este último muy grande tendría que ser.

Hamlet bebía y bebía mientras lo escuchaba y clavaba sus ojos en los gestos de aquél granjero. A pesar de todo el desarrollo de su narración de lo acontecido y la infinidad de detalles que luego fue aportando a la descripción de los hechos, ya no se le borró de su retina cerebral la imagen de su bella mano cortada y esparcida en aquel montón de paja.

Esa misma imagen fue la que le persiguió todo el resto del día a pesar de sus esfuerzos en eliminarla ejercitando el peripathos o bañándose desnudo y solo en el río. Con ella se acostó y le vinieron a la mente todos los trozos de su bello cuerpo encontrados y con la imaginaria visión de cada uno, se le iban abriendo paulatinamente las entrañas y socavando sus adentros más profundos. Pero sobre todo la visión que más le perseguía era la de la mano cortada y sostenida por el granjero. Esa no se le borró. Cerraba los ojos y se le plantaba enfrente, pálida y sangrante en su extremo. Una mano inútil y estéril ya. Hiriente en lo más profundo de su médula espinal. Cuando Helena vivía, había veces que tras haber estado juntos y aún en la cama, se le quedaba mirando a aquella cara de piel blanca y ojos verdes amarronados fijamente. Emborrachándose de ella hasta que le decía que dejara de mirarla porque la estaba agobiando. Era tan transparente en sus facciones que no le hacía falta disimularlas con ningún tipo de maquillaje para hacerla más atractiva. Ya no podría ver su cara sino solo la imagen de su mano brutalmente cortada al igual que todos sus miembros por un alma despiadada y diabólica. Se levantó de la cama y se fue a por el trozo de fémur nuevamente. Lo sacó del cajón y lo abrazó. Luego se lo llevó a la cama pensando que tras unos minutos de tenerlo agarrado entre sus brazos lo soltaría de nuevo en donde lo había cogido. Pero no fue así. Habiendo encontrado consuelo su espíritu, se quedó profundamente dormido y abrazado a la única reliquia de Helena. Una pregunta insistente intentaba arrebatarle el sueño: ¿Por qué había huesos de animal junto a los de ella? ¿Qué significaría eso?

Aquella noche soñó. Soñó con un bebé. Un niño hermoso y sonriente. Estaba completamente desnudo y gateaba acercándose a él. El príncipe para ayudarlo se fue a su encuentro y se agachó. Entonces lo cogió y lo alzó. Lo levantó y el bebé le sonreía aún más. En ese momento, Hamlet sintió que el niño empezaba a deshacérsele entre sus manos. Como si fuera de una materia poco consistente y frágil. Pavorido vio cómo se iban cayendo los miembros de su pequeño y tierno cuerpo. Fue a cogerlos y al hacerlo un enorme perro con las fauces abiertas y babeando se fue en busca de ellos. Entonces el príncipe salió corriendo. En unos segundos despertó como si hubiera visto un fantasma.

Justo al día siguiente de la vuelta de Hamlet algo inesperado ocurrió. Uno de los campesinos de la hacienda del castillo gritaba y gritaba en las afueras porque su perro más querido y preciado llevaba varios días sin aparecer. Hamlet lo oyó desde la ventana de su alcoba. Abrió la ventana y pudo oír sus gritos. «Me lo han matado. Me lo han matado». Hamlet estaba muy cansado esa mañana y lo que menos le apetecía era escuchar la voz ronca y ansiosa de uno de los labradores de la hacienda gritar como desesperado ante tal pérdida. Pero así fue. El príncipe asomó la cabeza por la ventana y recibió en su cara, en lugar de un poco de agua fresca para despertarse algo más, la brisa de la mañana. Varios labradores se acercaron al dueño del perro supuestamente matado y pudo oír cómo les contaba lo que lo quería: que se lo dieron siendo aún un cachorro y que a pesar de su mal humor y de tener fama de fiero, era como una perita en dulce para él. Y eso que le había dado más de un disgusto en distintas ocasiones al morder a algunas personas, especialmente mujeres y siempre en el trasero. Aun así era su perro preferido. Era un mastín enorme al que le puso de nombre Ball porque cuando era un cachorro era una auténtica bolita de pelo y luego, a pesar de su descomunal tamaño y su aspecto fiero ante los demás, se quedó con ese nombre.

Hamlet mientras caminaba recordaba ahora este hecho ocurrido ya hacía unos pocos de días y empezó a asociarlo con los restos encontrados de su Helena. Pero había cosas que no le quedaban claras. Los huesos eran de humano. Sí. Hasta ahí, sí. Estaban sus bellas manos cortadas y su cabeza rubia. Luego, el fémur que él guardaba no era lógicamente de un perro por muy grande que fuera. ¿Pero quién había mordido los huesos de la muchacha? Tendría que haber sido una bestia. Podía haber sido un zorro o un lobo o un perro de presa también. Entonces ¿porqué había también huesos de perro junto a los de Helena? Eran manifiestamente de perro porque un lobo es más pequeño que los que se encontraron y de un zorro ni que decir tiene que no eran. En alguna ocasión había oído a los labradores contar muchas historias tanto de loberas como de zorreras en las que habían encontrado restos de huesos, sobre todo de niños que habían desaparecido. Llegados a este punto, Helena no pudo haber sido asesinada por un perro. Aunque no quedaba descartada del todo la hipótesis. Otra mano debería de haber intervenido Y no animal sino probablemente humana, capaz de tramar la horrible fechoría. Porque, ¿quién mató al perro y lo puso junto a los restos de su amada? ¡No iba a ser el perro mismo!

Su principal sospechoso era su tío Claudio pues una daga suya había sido encontrada entre los restos. Habría que destaparlo junto con el asesinato de su padre. Pero eso era mucho más grave y tendría que dejarlo para el final. Era enfrentarse no solo a la familia sino a toda la corte prácticamente y, ¿qué tenía como prueba?, solo el testimonio del guarda del granero, en cuanto a Helena, y también las palabras de un fantasma, visto por varios ojos, eso sí, en cuanto a su padre.

A pesar de todo lo único que tenía era un hueso de ella celosamente guardado, y recuerdos, solo recuerdos que sentía que se desvanecían como la niebla que se formaba ya en noviembre y que se iba a media mañana como una figura fantasmal. No era justo que su crimen quedara sin resolverse y sin que su culpable quedara al descubierto.

Un día estando los dos solos y viendo que Hamlet no se atrevía a decirle nada, ella se lanzó y le dijo que por qué no iba a visitarla por la noche a su habitación para charlar. Él, lógicamente lo interpretó como toda una proposición en plena regla pero ella no quiso que lo hubiera hecho así porque en realidad y una vez que llegó, Helena no estaba sola sino con una de las compañeras de las damas de doña Gertrudis. Él se quedó de piedra. Esperaba poder estar los dos solos y hablar con total confianza el uno con el otro. Los tres se sentaron en torno a una mesa y le ofrecieron de comer y beber al príncipe. Él solo bebió vino y ellas solo agua acompañada de alguna pieza de presa de la última cacería. Helena le sonreía mucho y él a partir de ahí se enamoró. La miraba y se sonrojaba y no sabía por qué. Sintió mientras iba a su cámara que el suelo se le iba desplomando a cada paso que daba y sus carnes las sentía mucho más blandas que habitualmente estaban. Cuando llegó a sus aposentos le entraron ganas de orinar y mientras estaba con su pene en la mano, le vino a la mente de nuevo su sonrisa y entonces sintió que su integridad sentimental peligraba.

A partir de ahí se veían casi a diario. Siempre hacían el amor a hurtadillas en la cabaña del bosque del príncipe y una vez que habían acabado, mientras ella estaba tumbada, él se incorporaba de medio lado y con la mano derecha le acariciaba la mejilla y le decía:

—Eres muy guapa.

Ella con sus labios medio carnosos y su sonrisa de inocencia, lo miraba y le decía:

—Gracias.

Lo que peligraba ahora era la vida de muchas jóvenes porque el autor –o autores– de esta carnicería andaba suelto todavía y probablemente pensando en cometer más. Pero ¿cómo lo iba a destapar? ¿Acaso se le aparecería el fantasma de la bella muchacha al igual que lo hizo su padre y le contaría la verdad?

SEGUNDA PARTE

En otoño la luz era mucho más amarilla porque casi siempre estaba muy nublado. A veces las nubes eran tan perfectas que parecían que hubieran estado ocultas todo el verano. La estación escondía un secreto que no todo el mundo percibía, según el príncipe: el del frío invierno. Por eso le gustaba y también porque le apetecía ya vestirse de negro para protegerse de cualquier mal y luego no quitarse la vestimenta en todo el tiempo que duraran ambas estaciones hasta que llegara el mes de marzo. Como el oso se mete en su osera. Cuando salía el sol después de haber estado lloviendo, su luz era aún más intensa al entremezclarse con el gris de las nubes. Esto le ponía melancólico y eso le gustaba. No entendía por qué la gente renegaba de esta época cuando para él era la más inspiradora para el recuerdo que en estos momentos que atravesaba le servía de consuelo. Hamlet estaba muy mal pero no era para menos. ¿Quién en susituación no lo estaría?

La primera vez que vio a Elizabeth se quedó sorprendido. Sus ojos, que parecían haber estado siempre tristes, le traían vientos melancólicos propios de esta estación. Era morena y alta. Con el pelo largo y rizado. Le gustaba nadar cuando el tiempo lo permitía, lo que le confería aspecto de atleta con unas piernas que, a pesar de estar ocultas por las largas ropas, al sentarse, se dejaban marcar y mostraban su fuerza. Desde el primer momento que la vio le pareció que andaba algo desgarbada y con una ligera chepa. Esto hizo que sintiera por ella también desde la primera vez ternura hacia ella y ganas de abrazarla. ¿Quién le iba a decir a él, se preguntaba meses después de estar ya juntos, que la iba a tratar e incluso a llamar a veces «mi niña», con ese afán protector y controlador de todo y todos? Sin embargo en esas primeras veces igualmente notó cómo a ella no le gustó él y se sintió bastante decepcionado. Pasó el tiempo y aunque la veía con frecuencia y casi siempre se paraban a charlar de cualquier cosa trivial, vio que a ella seguía sin interesarle demasiado. El tiempo siguió su trayectoria y ya se rumoreaba que Hamlet partiría para Wittenberg a realizar sus estudios. A partir de esos días el príncipe pudo notar, cuando se la encontraba, que sus sonrisas no eran las mismas así como sus miradas. Parecía más simpática aunque nunca abandonara esa melancolía en sus pupilas. El detonante de todo surgió una mañana en la que Hamlet fue a visitar a su madre a sus aposentos. Entró con cierto reparo pues no se atrevía a irrumpir de una manera brusca. Al no oír nada se adentró en la habitación con la cabeza algo adelantada para ver si podía oír algo más. No pudo apreciar absolutamente nada. Todo permanecía en su sitio. Sistemáticamente ordenado y pulcro hasta el más pequeño recoveco o rincón de las enormes estancias que disfrutaba doña Gertrudis como reina por segunda vez de Dinamarca. Sin embargo y de pronto, pudo oír sonido de cristales. De repente apareció de uno de los lúgubres aunque limpios rincones, la figura de Elizabeth. La que más chilló fue ella aunque él también lo hizo más comedidamente pero según la intensidad del grito de ella en comparación con la exclamación de sorpresa de él, estuvo claro desde el principio cuál ganó de los dos en esta competición sonora e improvisada. El chillido se convirtió luego en una sonrisa y de la sonrisa pasaron a sentarse juntos en la mesa. Ella decía que estaba muy cansada y él quiso acompañarla dilucidando una posible predisposición al conocimiento por parte de la guapa Elizabeth. Le expresó su ligera preocupación de que alguien los pillara en las habitaciones de la reina a lo que el príncipe se levantó y la calmó mientras fue hacia la puerta a cerrarla por dentro. En ese trayecto le dijo que su madre no volvería en mucho tiempo pues sabía que a esa hora estaría despachando con los delegados noruegos en la sala de juntas. Así que le manifestó que su alma no se inquietara con cosas tan mundanas. Para facilitar ese relax aconsejado, sacó unas copas y una jarra de vino que se hallaba en una de las alacenas y se volvió a sentar al lado de la morena del pelo rizado y largas piernas. Cualquier ocasión era buena para acompañarla con una copa de vino al que Hamlet siempre que podía aprovechaba la oportunidad. El líquido rojo y la capacidad de seducción del príncipe le sacaron a Elizabeth muchas sonrisas y brillos en los ojos así como que en un momento determinado de la conversación, se levantara y se pusiera detrás de él y empezara a acariciarle la melena intentando que se relajara aún más si cabía. Habiéndolo conseguido, Hamlet se levantó y en ese instante y aprovechando la postura, la hija de la doncella se agachó y empezó a curiosear en las partes bajas de su señor. El joven no se podía ni imaginar lo que estaba sucediendo en ese momento. Tanto tiempo que la había estado deseando. Habían sido muchas semanas y muchos meses. Recordándola e imaginándosela en su propio lecho muchísimas noches. Por fin todo se iba a hacer realidad y lo mejor de todo era que no había sido él quien dio el primer paso. Ella actuó con entera libertad. Este quizás era el mejor regalo de todos. Después de haber estado en de rodillas mientras él le agarraba con suavidad su pequeña cabeza y su pelo, se incorporó y se dejó que la abrazara con fuerza. Él pudo oler y sentir su piel y ella, mientras, comprobar la fuerza de sus brazos y espalda. Entonces la besó sin mediar palabra porque consideró que sobraban todas. Su boca sabía a adolescencia. Como cuando de jóvenes se iban al campo en primavera y por turnos se besaban los unos a los otros probándose todos y todas sus bocas y respectivas lenguas. Lo que pasó después entre los dos aquella mañana se les quedaría grabado en su memoria para siempre y constituyó el detonante y sostén de su relación, especialmente cuando la duda se instalaba en ambos acerca de la continuidad de su romance. Pero más a él que a ella. Estuvieron juntos un buen rato y el joven, temiendo que llegara su madre y los descubriera, decidió terminar. Ambos salieron de la habitación con la sonrisa en la boca y él aún más, puesto que había usado el lecho de su madre por despecho. A partir de esa mañana la relación siguió adelante aunque por supuesto en secreto. Nadie podría saber nada aunque de sobra era conocido por todos. Pero no se podía hablar de ello en público ni en voz alta. Eran las estrictas normas de la corte que a pesar de no haber sido hechas públicas nunca, todo el mundo las conocía perfectamente.

Lo peor vino cuando Hamlet soñó una de esas noches. Era lo más raro, desconcertante e inquietante que había soñado en su vida. Tanto que se acordó de haberle oído decir a uno de sus profesores en Alemania que cuando tuvieran un sueño lo apuntaran. Así lo hizo en el primer trozo de papel que encontró para que no se le olvidara. Tenía que recordar hasta el último detalle porque intuía que iba a tener mucha transcendencia. Antes de contárselo a nadie, ni incluso a Elizabeth, lo meditó largamente: en sus largos y solitarios paseos, en sus visitas a la tumba de su padre o hasta cuando iba al excusado. Recordaba y descomponía en su mente cada imagen, qué color tenía cada escena, de las múltiples que se produjeronesa noche, y hasta qué palabras se pronunciaron. Quería conocerlo todo para descifrarlo. Sabía perfectamente que tenía un significado porque al despertar aquella mañana sintió como si a raíz de él, su vida se iba a transformar en gran medida. Así estuvo varios días. Pensando en aquel episodio involuntario y nocturno. Dándole vueltas y más vueltas intentando averiguar hasta qué punto le afectaría a su propia persona. Así pasaron varios días. Estaba tan ocupado que no tenía ni tiempo ni ganas para dedicar su mente a otra cosa por muy importante que fuera. Todo lo demás debía de esperar hasta que consiguiera alguna pista de su significado que ya empezaba a incluso atormentarle.

En esos días llegó una delegación de Oriente para cerrar unos cuantos tratos comerciales con la realeza, y empezaba a ser relativamente conocido su gran conocimiento en diferentes campos de la sabiduría. Polonio, como siempre, era uno de los responsables en facilitarle todas las comodidades en el castillo. Siempre había varias estancias dedicadas para estas ocasiones en el ala este y él, con su gusto por el detalle y la perfección, se encargaba de todo.

—Necesito que me prepares una audiencia personal con uno de los emisarios, Polonio —le dijo una mañana que se lo encontró en el despacho rosa de los reyes.

—No hay problema mi señor —le respondió—. Pero me tiene que decir el motivo de la entrevista para hacérselo saber a ellos.

—Quiero que me cuenten acerca de la vida allí. Es simple curiosidad y solo eso. Diles que el interés es meramente cultural, digámoslo así.

—De acuerdo, señor. Siempre a su disposición. Yo lo prepararé y ya le avisaré. Puede ser que lo tenga preparado para esta misma tarde. Depende de la disponibilidad de ellos, claro. Señor —le interpeló en ese momento.

—¿Sí? —preguntó el príncipe.

—¿Le veo muy cansado o es solo una apreciación mía? Parece algo atribulado. No tiene la cara que siempre ha mostrado.

—No sé a qué te refieres. Esta noche dormí estupendamente —le respondió secamente.

Efectivamente fue aquella misma tarde. Una de las bellas criadas del príncipe lo despertó con su fino y delgado dedo índice pasándoselo por la mejilla. Hamlet estaba practicando uno de sus hobbies: dormir la siesta. Alise, que así se llamaba su lacaya preferida, a pesar de la siempre negativa de doña Gertrudis a que tuviera criadas en lugar de jóvenes, era de pelo muy muy rubio y extremadamente largo. Se lo cepillaba sin ninguna prisa todas las mañanas para que estuviera totalmente liso y reluciente para cuando la viera su señor. Pero lo que más destacaba en él, no era su extremada y casi exagerada longitud, sino su color. Era tan rubio que a veces y especialmente con la luz de otoño, su color casi se podía confundir con el blanco. Por eso era su preferida; por su pelo. Cuando en aquellas noches se le sentaba encima y dejaba caer su melena sobre el pecho desnudo del príncipe, este creía que iba a morir. Prefería no mirar aquellos ojos azules porque al hacerlo sabía que no solo se podía perder en su inmensidad sino que ese momento íntimo iba a terminar muy pronto. Escogía pues cerrar los ojos y no verla porque entonces se sentiría más desnudo aún de lo que ya estaba. Se levantó de su siesta, se acicaló rápidamente y se dirigió a la enorme y fría sala de entrevistas. Cuando entró estaban esperándolo sentados el emisario oriental y a su lado un hombre de mediana edad vestido completamente de negro al igual que el príncipe. El otro, sin embargo, llevaba una túnica naranja que le cubría todo el cuerpo, estaba completamente calvo y le pareció como si nunca hubiera dejado de sonreír. Usaba unas lentes que le daban un aspecto más intelectual. Los dos se levantaron en cuanto vieron al muchacho real entrar y acercarse. Se dieron la mano cordialmente y Hamlet los invitó a sentarse de nuevo. No tuvo que preguntar al de negro qué hacía allí porque sabía que era necesario para poder comunicarse con el sabio. Una vez los tres sentados Hamlet habló:

—Primero tengo que daros la bienvenida por estar en el reino de Dinamarca y espero que todo les resulte de su agrado.

El de naranja sonreía y asentía mientras el de negro le iba traduciendo todo. Hamlet tenía que pararse para que le diera tiempo al traductor.

—No soy un hombre de andarse con rodeos —dijo el príncipe— así que voy a ir al grano. Sé que es usted uno de los más grandes sabios y consejeros reales. He tenido un sueño y quiero que me lo desvele. No hago más que pensar en él. He apuntado todos sus detalles, mientras que la memoria me lo ha permitido. Todas las imágenes que vi y recuerdo de él. Sin embargo no sé qué significa. Le he dado vueltas y más vueltas. Estoy seguro de que lleva un mensaje encriptado. Sé que es una premonición. Si me pregunta por qué lo sé no sabría decírselo pero si yo le pregunto por qué sale el sol, ¿sabría responderme acaso? Cuando me acuerdo de él lo asemejo a la mirada que hacemos a la luna pues siempre vemos la misma cara mientras que la otra permanece oculta. Me vienen las imágenes del sueño pero no su significado que sigue sin serme revelado.

El hombre de naranja sonreía, asentía y lo miraba con amor como si antes de entrar por esa puerta supiera ya qué le iba a consultar. Luego Hamlet le contó el sueño y a veces, para no olvidar los detalles, leía lo que tenía anotado en el pequeño papel que sostenía en sus manos.

Tras haber terminado de relatarlo, el hombre de naranja se levantó sin mirarlos siquiera y se tumbó en el suelo en postura de oración. Hamlet se quedó un poco perplejo ante el repentino movimiento pero no quiso preguntar nada. Su acompañante no dijo nada. Ni siquiera miró al príncipe. Pasados unos minutos, que al joven príncipe le parecieron casi eternos, el de naranja se levantó del suelo y se sentó de nuevo.

Luego habló a su traductor y este último dijo:

—Me ha dicho que necesita meditarlo un día al menos y que mañana a primera hora le dirá algo.

—Lo entiendo perfectamente —respondió él—. Dígale que no se preocupe que mañana nos veremos de nuevo.

Con las mismas y muy amablemente se despidieron y ellos volvieron a los aposentos del ala este.

Aquella noche durmió algo inquieto y preocupado por lo que aquel hombre de cabeza rasa y lentes redondas le pudiera decir a la mañana siguiente. No tenía ni idea, reconocía él mismo, de lo que le pudiera comunicar. La gran sabiduría oriental era de sobra conocida en la corte, hecho que le daba cierta tranquilidad. De lo que más se acordaba, una vez que estaba tumbado en su cama y mirando al techo, era de la sonrisa que en todo el rato que estuvieron reunidos nunca le desapareció y cuando cerraba los ojos intentando conciliar el sueño, la veía dibujada sin cara. Solo ella tímida y sabia.

La primera vez sucedió precisamente aquella noche en la que la luna creciente, como solía hacerlo, se ponía en las ventanas de sus aposentos y había veces que hasta molestaba su luz. A la mañana siguiente lo achacaba al estado nervioso con el que se quedó dormido. En plena madrugada se despertó sin saber el motivo. Entonces sintió sino que vio, literalmente, a Helena que estaba de pie al lado de su cama. Todo fue rapidísimo. Su pelo lo tenía más largo y algo encrespado y la mirada, y eso sí lo recordaba muy nítidamente, ya no era de felicidad como solía tener cuando vivía, sino de tristeza. Estaba seria y no se atrevió a mirarlo a los ojos. Hamlet no daba crédito a lo que estaba viendo y tuvo que tocarse el cuerpo para comprobar que ahora no estaba soñando.

—Helena, ¿eres tú? —le preguntó.

Ella no contestó. Se acercó más a la cama y levantó la colcha haciendo un gesto para meterse en ella. Él se quedó paralizado más que de miedo de sorpresa. Sin embargo sus miembros, excepto uno, no le respondían igual que cuando en alguna ocasión había tenido una pesadilla en la que tenía que correr y por más que quisiera su cuerpo no le funcionaba. Ella sin embargo sí que se movió y se puso a su lado. Le pareció que buscara su calor porque al tocarla la notó muy fría. Hamlet entonces se pegó más a su cuerpo para darle consuelo y también para comprobar que todo era realidad y que la tenía de nuevo junto a él. Ella cerró los ojos y él los mantenía abiertos. Quiso que ella comprobara el estado de su otro miembro y por eso se le pegó aún más fuerte pero al notar un cierto gesto de rechazo por su parte, enseguida se separó ligeramente para no molestarla.

—¿Qué te hicieron? —le preguntó entonces—. He estado tanto tiempo pensando en ti. Te echo tanto de menos. ¿Quién te hizo toda esa carnicería? Tienes que contármelo. ¿Por qué estás ahora como si no te hubiera pasado nada? ¿Ha sido todo un sueño acaso? ¿Una horrible pesadilla?

Notó, al estar a su lado, que ya no estaba tan tierna como solía sino que ahora estaba más recia, más dura. Helena no le contestó.

No habló. En la oscuridad de la habitación, iluminada de forma tenue por la luz de la luna creciente solo veía sus ojos verdes amarronados abiertos de par en par mirando fijamente el techo y tristes, muy tristes y perdidos, muy perdidos ante la intuición nocturna del príncipe.

—Te quise tanto, Helena. Me hubiera casado contigo si hubiéramos tenido el tiempo necesario para prepararlo todo. Se abrazó aún más a ella pero ella no mostró afecto. Seguía fría, inmóvil y muda.

—Eres muy guapa —le dijo—. Luego se quedó dormido.

A la mañana siguiente, cuando despertó, estaba solo en la cama excepto por el trozo de hueso de su fémur.

Estaba impaciente por que yo volviera. Preguntó a Rosencratz y Guilderstein si sabían hasta cuándo estaría la delegación militar fuera y le dijeron que en un par de días volverían al castillo. Ya empezaba a desesperar. Durante esos días leyó *Edipo rey* de Sófocles, que se trajo de la universidad, le hizo el amor unas pocas de veces a su criada predilecta y a Elizabeth y dio vueltas y más vueltas a los jardines del castillo intentando aclarar en su mente algo sobre el horrible crimen de su amante. Ciertamente los dos días siguientes a la aparición nocturna de la tiernita doncella en su alcoba fueron muy inquietos. Estaba tremendamente desconcertado primero por la aparición del fantasma de su padre, por supuesto y ahora por esta extraña visita. Reconocía luego más fríamente que lo que ocurrió la noche de luna creciente era mejor por una parte que lo de su padre, porque estaba realmente bella, pero a la vez sintió un escalofrío si acaso mayor porque parecía que hubiera resucitado. Al día siguiente preguntó a todos los criados y servidumbre si vieron a alguien extraño andar por los pasillos y todos dijeron no haber visto nada.

Sucedió de nuevo de noche. La luna estaba tan llena que Hamlet antes de meterse en la cama se acercó a la ventana para contemplarla. Se quedó admirándola e intentando ver con más detalle sus manchas. Le gustaba a veces quedarse hipnotizado por ella como si fuera la cara de Helena cuando vivía. Una vez que la contempló lo suficiente como el que se deleita en el sabor de un sorbo de buen vino, se acostó y no tardó en quedarse dormido como si se hubiera quedado embriagado por su imagen. Su madre andaba preocupada por él y a qué dedicaba tanto tiempo de ocio que tenía al día. Sabía que lo pasaba leyendo, paseando y, sobre todo, pensando. Lo que no sabía era que soñaba e investigaba por su cuenta y mucho. Eso no lo sabía. Aquella noche soñó de nuevo y esta vez fue con «su niña» como le gustaba llamarla y a ella que así lo hiciera. Estaba completamente desnuda en una cama de una habitación indeterminada y adoptaba una postura fetal. Como si tuviera frío. Al lado había un hombre al que no pudo verle la cara ni su aspecto general ni nada. Simplemente sabía que era un hombre y permanecía a su lado pero había algo muy raro en todo eso porque ella no parecía que sufriera demasiado sino que complaciente permanecía en esa postura mientras que el hombre estaba simplemente allí a su lado. Lo que mejor recordaba de todo era el olor tan fuerte que había en la habitación. Cuando soñaba no solía acordarse de los olores ni tampoco de los colores. Sin embargo en este sueño sí y era un hedor increíblemente fuerte y desagradable. Olía a excremento humano y esto lo hizo sentir una gran repulsa. De nuevo y al igual que el otro sueño, a la mañana siguiente se despertó con la viva imagen y aún con el olor en su pituitaria.

Los primeros gritos que oyó fueron los desesperados de los campesinos que ya conocían la noticia. La descubrieron y al igual que Helena, en la caseta punto de encuentro de sus amantes. Pero esta vez estaba fuera, en una acacia enorme y con un camisón blanco. Contaba el anciano labrador encargado de controlar el área del príncipe que, después de haber atravesado el camino casi oculto por la espesura del bosque, se encontró con la figura de la hermosa muchacha de pelo largo y rizado ahorcada en el viejo árbol. Cuando Hamlet pasado un rato quiso oír del mismo anciano que la descubrió, su versión, creyó que se iba a caer al suelo del temblor tan grande que le entraron en las piernas. Hasta tal punto que se tuvo que agarrar unos minutos a él temiendo por supuesto que no soportara su peso por su avanzada edad. Luego cuando se sentaron en unas improvisadas sillas que les trajo la mujer del labrador, el príncipe se sintió algo más aliviado. Alivio que se difuminó rápidamente cuando le dijo lo siguiente:

—Mi señor, cuando la vi ahorcada en aquel árbol no se puede ni hacer una idea de lo que me entró en el cuerpo. Mi vista ya no es la de un joven y al principio y entre la niebla de la mañana, creí que era una visión espectral o algo parecido. Fue en cuestión de segundos, quizás. Enseguida reaccioné y me di cuenta de que eso era imposible y de que la realidad era mucho más cruda.

Hamlet lo seguía tan atentamente que parecía que se le iban a salir los ojos de sus cuencas. El hombre continuó:

—Olía muy raro según me acercaba, rápidamente me di cuenta de que era un hedor terrible a excremento que parecía humano. Llevo toda mi vida en el campo, señor, y sé distinguir perfectamente el olor del de un ciervo o de un caballo aunque en cierta medida sean semejantes pero no era este el caso. No pude remediar estar más cerca del cadáver y la peste empezó a ser insoportable. Creo que ya la han lavado. Me pregunté que por qué olía así y al intentar encontrar una respuesta, esta me vino muy pronto. Elizabeth, como según tengo entendido que se llama si no me equivoco —le dijo con tono de pregunta al príncipe.

—Así se llamaba —dijo Hamlet.

—Pues Elizabeth tenía toda su parte trasera manchada de su propio excremento.

Tenía tanto acumulado que le había chorreado por las piernas. No sabría decir desde cuándo estuvo así y tampoco cómo, porque la propia acumulación de la caca me impidió ver más. Ahora me acercaré a la cabaña donde la han lavado por si han podido ver por qué se quedó allí retenida. Le puedo asegurar, mi señor, que nunca he visto nada igual pero mi mayor sorpresa de todas fue que a los pies del cuerpo suspendido había una daga que brillaba por sus piedras incrustadas. Me agaché a pesar del olor y la cogí. Había una leyenda que ponía: «Larga vida al rey Claudio». Entonces, asustado la tiré.

—¿La tiró? —le preguntó.

—En un primer momento sí, pero luego recapacité y me di cuenta de que si era realmente del rey, tal y como se rumoreaba con la otra que se encontró, este descubrimiento podría ser demasiado comprometido. Por esto, la cogí de nuevo.

—¿Cómo sabe que había otra? ¿Quién se lo dijo? ¿La tiene ahí? —preguntó Hamlet.

—Bueno. Usted ya sabe, mi señor. Las paredes tienen oídos. Son rumores que circulan. Sí. Está aquí.

—Dámela pues —le dijo.

El labrador sin dudarlo la sacó de su abrigo y se la dio. El príncipe se la acercó para comprobar la veracidad de lo que le había contado y concluyó delante del otro que efectivamente pertenecía al rey al igual que la anterior encontrada en el cuerpo de Helena. Seguidamente le hizo jurar delante de él que no le contaría a nadie el descubrimiento pues su vida peligraría. Así lo hizo el campesino y a los pocos minutos se despidieron. Se sentía ahora mareado y hasta trastornado. No podría caminar mucho, así que antes de entrar en el castillo tuvo que sentarse de nuevo en un banco. Se preguntó cómo había llegado a oídos de aquel hombre que existía una primera daga. Creía que solo lo sabía su madre y él. Se dio cuenta de que en realidad todo el mundo podía saber todo. Cuestionándose si ya la habrían lavado y si podría ir a verla se levantó. Mientras andaba pensaba que al menos su cuerpo permanecía entero al contrario que el de la pobre Helena. ¿En qué había quedado ya tanto amor que profesó a ambas, si ya habían fallecido y en esas circunstancias? Determinó que iría de nuevo a ver a su madre y decirle que se había encontrado otra de las dagas del rey cerca del cadáver de Elizabeth pero determinó que no le contaría nada de que el campesino conocía la existencia de la primera pues no se fiaba de que la reina se vengara y asesinara al pobre hombre. Al poco rato y una vez dentro del castillo se le informó en secreto que podía ir a verla. Así lo hizo. Su cuerpo estaba en los aposentos de sus padres. Su madre no podía hablar y fue su padre el que le dijo que los reyes le habían transmitido su gran pesar por la tragedia ocurrida ante lo cual Hamlet no pudo evitar echarse a reír. Su padre en ese momento puso cara de que Hamlet verdaderamente no estaba en sus cabales, tal y como todo el mundo hablaba en el castillo. Quiso indagar más sobre el motivo de la acumulación de heces y el padre le explicó que el monstruo culpable de todo cosió al trasero de su hija un trozo de tela lo que impidió que el excremento saliera de manera normal y se acumulara allí. Hamlet estaba horrorizado. «¿Quién habrá podido hacer semejante monstruosidad?», pensaba. «Hay que cogerlo y cortarle el cuello. Es lo que se merece y poco castigo es comparado con el que él está dando a los demás. Hay suficientes pruebas de que es el rey pero ¿cómo lo puedo demostrar? Tendría que haber algún testigo que lo viera o que hubiera dejado algún tipo de prueba pero ¿cuál? Ya la han lavado y sus ropas probablemente estarán quemadas. ¿Cómo lo voy a demostrar? Si los actores representan *El asesinato de Gonzago* delante de los reyes, quizás manifiesten su culpa sus caras de sorpresa y estas los delaten. Sin embargo estos crímenes están mucho más ocultos. Nadie puede saber que tengo varias amantes. Lo tengo prohibido en la corte y es solo mi madre la que me otorga ese permiso especial. Todo esto me lleva indudablemente a pensar que sin ninguna duda es alguien muy cercano a mí el que hace todo esto. Ya hay dos dagas del rey en cada uno de los cadáveres, sin embargo no hay sangre en el caso de Elizabeth excepto por el brutal cosido en sutrasero. Alguien que me conoce muy bien quiere hacerme mucho daño y no se me ocurre más que una persona», pensó sentado en el filo de su cama con la cabeza agachada mientras observaba sus pies. «¿Qué mente tan perversa puede hacer esto?» A Elizabeth la incineraron.

A Hamlet no le apetecía absolutamente nada, ni leer, ni tan siquiera pasear o hablar con los jardineros. Solo estar en su cuarto. Primero su padre, luego Helena y ahora la bella Elizabeth. Había ido perdiendo poco a poco a todas las personas que más quería. Le quedaba Ofelia y Alise. Estaba claro que iban a por él. Lo del crimen de su padre era evidente que era para coger el trono pero a su vez a él le habían matado a su padre, al único que tenía, por lo tanto era también un atentado contra él mismo. Lo de las bonitas muchachas no había duda de que era un complot para acabar del todo con él. ¿Sería su tío para aniquilarlo de alguna manera y no siguiera adelante en la resolución del parricidio? Todo estaba por ver y eso era lo que ahora menos le interesaba porque lo único que quería era tener apagadas todas las lámparas y quedarse solo allí con la única compañía de sus imágenes y recuerdos. A veces llorar por la pérdida de los que les había sido arrebatada su vida y a veces deseos de olvidarse de todo y enfrascarse en el vino y tomarse algo de setas que los campesinos amablemente le proporcionaban y que lo hacían olvidarse aún más para dormir o quizás también soñar y soñar aunque luego no supiera el significado de algunos sueños.

TERCERA PARTE

Dormir y soñar. Solo. ¿Solo? Y al soñar poder ver quizás a sus seres queridos. Era el único puente que le podía unir todavía con ellos. Era lo que pensaba. Sí. Había visto el espectro de su padre, sí, pero ¿no era más mundano y normal ante los ojos de los demás, quizás, verlos en sus sueños como la gran mayoría de personas? ¿No era verlos en sueños mejor que verlos como fantasmas? ¿No le haría eso sentirse humano o mundano como el pueblo llano del que dependían todos en la corte? Soñaba con su padre y con sus dos mujeres ya asesinadas. Su profesor de filosofía en Wittenberg se lo dijo una mañana de noviembre: «El sueño es el único cauce que aún nos queda para poder estar con los que quisimos y ya se fueron». Cuando oyó pronunciar esas palabras sintió como si las hubiera oído antes aunque fuera solo en su cerebro. Se sintió identificado. Eso es lo que más le apetecía ahora. Y recapacitaba sobre ello y no era solo lo que más quería sino que lo deseaba con todas sus fuerzas. En esos momentos quería quedarse dormido para con suerte verlas aunque fuera solo en el transcurso del sueño. Con eso ya era con lo único que se podía conformar. El frío de noviembre ya se estaba asentando en tres lugares diferentes: afuera, en las paredes del castillo y en las carnes del príncipe excepto en su corazón. Y ese mismo frío era el que lo invitaba a meterse en la cama y arroparse y a no levantarse hasta que por suerte pudiera ver a algún ser querido porque sentía que cada vez menos le apetecía ver a nadie, ni charlar de nada. Ni siquiera a Ofelia. Tan solo tenía afán por agachar la cabeza y meterla entre las mantas. . Y no ver a nadiepPorque ¿qué le estaba ya quedando si todos sus seres queridos estaban desapareciendo? Tan solo el hueso de Helena, su jarra de vino y sus trozos de seta. Pero intuía que cuanto más se desea una cosa menos probabilidades hay que suceda. Eso fue lo que pasó, no solo aquella noche sino las sucesivas. Ya había empezado a nevar y Hamlet no quería salir del cuarto. Me añoraba, aunque no a su madre. No deseaba verla agarrada del brazo de su tío y riéndole la gracia mientras el verdadero rey estaba en la tumba. Aunque la representación teatral surtiera efecto y su tío mostrara cara de perplejidad ante lo evidente, a él ¿qué le quedaría después? Puede que la satisfacción de ver cumplida la voluntad del espectro de su padre. De acuerdo, se decía, pero nada más que eso. Sus mujeres estaban muertas y sin haber sido ajusticiado aún su asesino o asesina –porque tampoco estaba claro el sexo–. Pero eso sí, nunca se le podría reprochar que no quiso a su padre y que su cara no tuviera corazón. No. Ni que tampoco fuera un mero retrato de la tristeza. Siempre lo adoró. De niño le gustaba acercarse a él porque le gustaba cómo olía. Lo miraba como si fuera un dios, a veces intocable o a veces suave en el tacto con su vello en aquellas manos fuertes y poderosas. Firmes y que nunca las vio temblar ante nada. Recordó en ese momento la postura de ellas una vez ya en el ataúd agarrando la espada y vio que a pesar de su frialdad, seguían igual de fuertes pero ya solo en apariencia. Ahora no podía olerlo. Tan solo recordar aquel aroma que todavía guardaba en algún lugar de su cerebro. Lo único que se olía en su cuarto eran las sábanas limpias y la nieve que había fuera. Sí. Porque también desde chico se dio cuenta de que la nieve tenía un olor especial y que incluso antes de caer ya se intuía que iba a inundarlo todo con su aroma. Con esas se metió en la cama y se arropó todo lo que pudo. Cogió las mantas y se las echó encima de la cabeza. Si alguien hubiera entrado en ese momento hubiera visto tan solo un bulto pero ni un solo mechón del pelo negro de su cabeza. Fue en ese momento que deseó morirse. Siempre le había tenido mucho miedo a la muerte. Cuando era pequeño y le contaban las típicas historias de fantasmas, esas noches tenía que dormir acompañado forzosamente. Como su madre no estaba dispuesta a hacerlo, siempre se acostaba en la cama de su nodriza preferida, la que fue su segunda madre, la de los pechos tan abundantes que de madrugada despertaba entre ellos faltándole el aire. Pero esa noche y a pesar de carecer de esas tetas que le proporcionaron seguridad en su más tierna infancia y con las que se disiparon muchos de sus miedos, no sentía miedo a la muerte sino todo lo contrario. Empezó a desearla, no tanto quizás como a la nodriza, pero sí quiso que viniera. Si fuera posible esa misma noche. Mientras dormía quizás. Morir, dormir, quizás soñar. ¿Acaso no era lo mismo? Soñar despierto con que moría y en esos momentos ver a sus seres queridos. Igual que lo hizo en sueños, en la muerte probablemente los vería de manera más nítida y podría tocarlos, mirarlos a los ojos tal vez o hasta apreciar de nuevo el olor del pelo de su padre. O a lo mejor los vería como los fantasmas de sus seres queridos que de cuando en cuando se le aparecían. Lo que sí tenía claro es que independientemente si los viera o no, al morir pasaría al mismo estado que ellos y todo lo oculto se aclararía de una vez por todas. Hasta podría saber por fin quién asesinó a sus muchachas. Con esa esperanza se quedó dormido.

A la mañana siguiente cuando despertó, su estancia ya estaba caldeada. Se había encargado de hacerlo la criada de la larga melena rubia. Y como todo lo que le hacía era perfecto o casi, su cuarto estaba a la temperatura ideal para tomar un baño y quedarse en él casi toda la mañana:

—No quiero ver a nadie —le dijo.

Y así fue. Tras su pobre desayuno se sentó a su mesa y empezó a escribir:

Querido Horacio:

Ven pronto. Te echo tanto de menos. Esta vez sí que estás tardando en volver. Sé que vuestra misión la estáis realizando con la gallardía que os caracteriza pero ya empiezo a odiar a la tropa que te acompaña y eso no es buena señal. Necesito verte. ¡Son muchas las noticias que tengo que comunicarte! Han sucedido cosas espantosas y temo que sigan pasando. Prefiero no darte detalles por carta. Además una noche tuve un sueño rarísimo que no hace más que darme vueltas y vueltas por mi cabeza sin encontrar su significado. Ven pronto, mi querido amigo. Aquí en la corte, como bien sabes, no puedo confiar en nadie. Eres la única persona que tengo. El verdadero amigo con mayúsculas y que sé que nunca me vas a fallar. Necesito compartir contigo tantas cosas, estimado Horacio. ¡Qué dulce suena tu nombre cuando estás a mi lado y qué amargo cuando te ausentas! A veces y cuando anhelo tu presencia y arro-

dillarme y sentarme en tu regazo, como suelo hacer, se me pone un nudo en el pecho que me dificulta hasta la respiración al no tenerte. No sé cómo lo sientes tú pero en mi caso es así. No sé si te puede molestar que te diga algo pero me da igual si te enfadas porque te lo voy a decir: eres mi protección ahora, por eso te echo tanto de menos. Eres como mi madre porque me das toda la ternura que antes me daba ella y que quizás necesite ahora más que nunca, o como mi padre porque eres varonil y seguro de ti mismo. Yo en cambio soy indeciso y dubitativo. La inseguridad es una bestia que no solo me persigue sino que me atrapa a veces. Desde pequeño sigue mis pasos. Por eso me hago el loco ante ellos. ¿Qué armas me quedan ante un supuesto grupo de desalmados a los que se les ve muy pronto las intenciones malignas al igual que a las hienas que no pueden ocultarlo? ¿Y qué es mejor: hacerse el loco o simplemente estarlo? ¿Qué diferencia existe entre parecer y ser? No hay tanta, mi valiente amigo. ¿Qué diría a este respecto mi querido y admirado Platón para matizar y separar ambos significados?¿ «Parecer» expresa un estado pasajero, quizás? ¿«Ser» es más perpetuo? ¿O no? Tantas preguntas que parecen a veces acuchillarme el espíritu y de las que no tengo respuestas prontas y concretas, que es lo que yo quisiera. No tengo alivio en la inmediatez de sus respuestas. Si no fuera por ti. Seguiré con mi locura pues es mi escudo protector y del que todos huyen como de la peste.

Es solo una máscara protectora ante mis dudas y su hipocresía y mentira. Soy príncipe y pertenezco a la realeza pero soy hombre que un día estará en la tumba como todos. Todos somos iguales: reyes y plebeyos, hombres y mujeres, niños y ancianas. Y si me apuras, insectos o animales invisibles por su pequeñez. El otro día en la corte, mientras los reyes despachaban sus asuntos, simulé que delante de mí había muchos hombres y mujeres desnudos. Conseguí mi objetivo porque los allí presentes me miraban como a un loco y les pregunté: Si todos los hombres nos pusiéramos desnudos en fila, ¿quién *iba a saber si uno es más rico que otro, o más inteligente o incluso mejor persona?*

Nadie contestó sino que se limitaron a sonreír y mirarme.

Ven pronto, Horacio. Te echo tanto de menos. Necesito tenerte cerca.

Tu príncipe que te espera,

Hamlet

Al acabarla, llamó a una criada y se la dio para que la enviara esa misma mañana. No tenía ganas de bañarse ese día ni de salir ni de nada. Tan solo quedarse en su cámara, sentado a la mesa y con la chimenea encendida.

No podía remediarlo. Me echaba de menos pero le gustaba soñar despierto con Helena. A pesar de que ya no estaba, a pesar de que ya probablemente no volvería a verla nunca más. Quizás algún día sí y en algún lugar, suponiendo que exista, donde todo

fuera posible y especialmente el amor. Amor
que fue imposible pero que perfectamente
podía haber sido posible. Posible o imposible, ¿dónde están los límites? Se preguntaba
allí en su cuarto, solo, mirando la pared en la
que había un gran espejo de marco dorado y
en el que se reflejaba nada más que un poco
de pelo de su cabeza perfectamente propor-
cionada al tamaño de su cuerpo. Hamlet lloró
entonces y lo hizo desconsoladamente. Sus
lágrimas se iban cayendo lentamente por sus
mejillas porque imaginaba que ella llegaba
con su camisón blanco, sonriéndole como
siempre, como nunca dejaba de hacerlo y
callada se le acercaba y la abrazaba y ponía su
barbilla en su hombro derecho y cerraba los
ojos queriendo comprimir aquel momento
en sus entrañas como si fuera un aroma proveniente del más valioso de los perfumes y le
decía susurrando al oído:

—Estoy enamoradísimo de ti. Te quiero
tanto… Te echo tanto de menos cuando no
estás. No me dejes nunca. Siempre te tendré

dentro de mí pase lo que pase. Puede llegar el olvido a mi casa como si fuera un invitado al que nunca llamé pero ya me ocuparé yo de que salga y no manche lo nuestro. Ni la muerte. Nada. Ni siquiera la sensación que nos puede dar ver lo infinito del universo en una noche limpia de invierno. Ninguna cosa es tan grande o inmensa que me pueda hacer perder lo que siento por ti porque te tengo metida no solo en mi cerebro y mi corazón sino en un sitio mucho más escondido y oculto y del que es prácticamente imposible salir: en el tuétano de mis huesos. Estás ahí incrustada y casi encriptada. Desde el primer día que te vi, sonriéndome, desde entonces calaste tan hondo en mí que ni la muerte con su temible guadaña podrá arrebatarme lo que siento por ti. Helena, mi Helena. Me casaré contigo y me da igual lo que me pueda decir mi madre. Aplastaré sus consejos con los besos que te doy y sus palabras con abrazos como este. ¿Por qué no puede un príncipe casarse con quien le dé la gana? ¿No es el amor la mejor contraseña para la felicidad. La mejor llave para abrir la puerta de la convivencia fructífera? ¿Quién ha puesto esa norma? ¿Los que temen que casándose con una que es pobre les roben sus posesiones? ¿Cuánto vale el amor frente a las riquezas? Estoy seguro de que lo nuestro saldrá un día a la luz y no se mantendrá nunca más en el ocultamiento. Tengo derecho a decir a todo el mundo que te quiero.

En todo el rato que le hablaba y se cuestionaba todo eso, Helena optó también por cerrar los ojos para saborear mejor cada palabra que salía de su boca como si estuviera degustando el mejor de los vinos.

Entonces la abrazaba más fuerte todavía y luego cogía su cara con sus dos manos fuertes y le daba un beso que le sabía a su adolescencia, a los que daba a sus primeras novias, de los que sabían a dulce. Hamlet lloraba porque ya no estaba con él. «Yo no temo a eso, no», pensaba. «Si hubieras vivido lo suficiente muchas cosas hubieran cambiado en mi vida. Pero ahora ya no estás. Ya te has ido. Quizás me visites en sueños o a lo mejor tengo la suerte de que otra noche vengas a verme, metida en ese cuerpo que ya no parece el tuyo y te metas en mi cama y no salgas de ella nunca, ni yo tampoco. Sin ver la luz del día. Me conformaría con que de noche viéramos la de la luna que es la que mejor alumbra el alma en lugar de la del sol».

Añorar, añorar y añorar. El frío invierno y la desaparición de sus seres queridos se juntaron en una fuerte alianza para que llevara a cabo esa acción que le estaba haciendo cada vez más solitario y hasta huraño. No podía remediar hacerlo y al practicarlo, lloraba. Sus lágrimas le llenaban los ojos y luego iban cayendo lentamente hasta que alguna más fuerte y valiente llegara a la mesa. Echaba de menos a su padre, a Helena, a Elizabeth y a Horacio. Se estaba quedando solo en la vida. Únicamente el recuerdo. Su madre ya no contaba para él. Seguramente sería uno de los pocos hombres huérfanos con su madre viva. Las únicas mujeres que le quedaban eran Ofelia y Alise, pero Helena ya no estaba. Su primer amor, desaparecido.

Cuando regresé aún era temprano. Hamlet seguía dormido en su cuarto y mi voz lo despertó. Mi timbre, que todo el mundo decía que era grave y masculino, lo tenía guardado bien en su memoria y probablemente fue esto lo que hizo que se despertara de pronto.

—¿Y Hamlet? ¿Dónde está Hamlet? —pregunté.

—Estoy aquí, en mi cuarto —gritó a viva voz—. Puedes entrar, sin problemas.

Entonces entré. A Hamlet le pareció que estaba esplendoroso. Mejor aún que cuando me fui.

—Qué alegría —me dijo nada más verme metido en mis ropas militares y con la melena rizada algo mojada por la espesa niebla que aún se extendía por todos los alrededores.

—Mi dulce príncipe —le respondí—. ¿Qué te ha pasado? Estás mucho más delgado y tienes unas ojeras tremendas. Te veo muy desmejorado de cuando te dejé por última vez. Te he echado mucho de menos yo también. Pero la delegación con la que fui tuvo que estar más días hasta que los acuerdos se vieran firmados con los suecos.

—Te escribí una carta. ¿La leíste? —me preguntó.

—¿Cuándo fue eso? No ha caído en mis manos, quizás está todavía de camino. Yo he llegado antes que la carta a su destino. Ya que estamos los dos solos ahora puedes contármelo tú en persona, mi querido Hamlet. Y también la causa de tu aparente preocupación. ¿Si no por qué ibas a estar así y por qué habrías de haberme escrito una carta pues?

—Siéntate Horacio y te lo contaré.

Me fui a su cama y me senté en el filo, entonces Hamlet se arrodilló y alzó su cabeza para mirarme directamente a los ojos. Nos agarramos de las manos y el príncipe luego inclinó su cabeza y se echó en mi regazo. Cogí su cabeza con las dos manos y empecé a acariciarla con suavidad.

—Tienes que lavarte el pelo —le dije—. Lo tienes un poco sucio.

—Ya que has llegado lo haré pero primero tengo que aliviar mi alma contándote tantas cosas que han ocurrido mientras estabas fuera.

—Adelante. Mis oídos serán descanso para tu espíritu —le dije mientras apretaba con más fuerza todavía su cabeza.

—No sé si te han llegado noticias de los dos acontecimientos más monstruosos que han sucedido en el castillo. Han asesinado primero a mi queridísima Helena y luego a Elizabeth. De una manera brutal y despiadada como nunca vi que le hubieran hecho a nadie y menos a dos muchachas tan bellas. Mi corazón está destrozado Horacio.

Entonces empezó a llorar. Yo fui limpiándole las lágrimas con las manos y consolándole como a un niño pequeño que ha perdido lo que más quería, diciendo:

—Ya está. Ya está. Ya pasó. Cuéntamelo todo.

—¿Cómo sucedió? ¿Cómo las encontraron? —le pregunté.

Entonces empezó a contarme todos los pormenores de los terribles acontecimientos y que se habían encontrado dos dagas, uno en cada cuerpo de las jóvenes pero que aparentemente no habían sido usadas para matarlas.

—Todo apunta pues al rey, al igual que la muerte de tu padre —le dije en susurro entonces.

—Eso parece. Además, Horacio, me han sucedido cosas raras.

—¿Raras como qué? —le pregunté—. ¿Se te ha vuelto a aparecer tu padre?

—Por desgracia no pero sí que se me apareció Helena.

—¿Helena? —le pregunté sorprendido.

Luego me contó todos los detalles y seguí masajeándole la cabeza y consolándole con palabras como: «Ya está. Ya pasó», de nuevo, como si fuera mi hijo pequeño. Como a él y por supuesto a mí le gustaba que lo tratara.

—Tenemos que hallar la manera de descubrir quién fue, encontrar al asesino —le dije—. O asesinos, maticé. Puede ser que hubiera más de uno.

Hamlet parecía cansado del tema y prefirió cortar.

—Además, he tenido un sueño muy raro. Me atribula y preocupa porque cuando lo tuve no fue como todos los demás. Lo viví de una manera diferente. Hasta tal punto me está consumiendo por dentro que el otro día vino un sabio oriental con la delegación noruega y se lo conté para que me diera un significado o unas palabras de alivio pero me han servido de poco, todo hay que decirlo. Entre otras cosas porque pocas salieron de sus labios. Aunque meditándolo algo más considero que lo que me dijo me tiene aún más hundido porque su frase fue demoledora: «Tu sueño anuncia tu muerte»

—¿Qué soñaste Hamlet para que te dijera eso? Me tienes tan intrigado como a los astrónomos la cara oculta de la luna.

Entonces me lo contó con todo lujo de detalles. No podía disimular el cansancio del viaje en mi semblante y especialmente en los ojos que presentaba, gachos y cansados, pero conforme me relataba el sueño, el interés empezó a acrecentarse. Según añadía visiones y momentos para el príncipe «cumbres» en este, abrí mis pupilas de par en par. Una vez terminó de contarme, agaché la cabeza y me quedé mirando fijamente el suelo. Mi amigo consideró que estaba buscando una pronta y aliviadora interpretación a este por lo que en todo ese momento Hamlet no apartó la mirada de mí. Al cabo de unos instantes me preguntó de una manera sorpresivamente acelerada:

—¿Qué crees que significa? ¿Si es que significa algo para ti? ¿Eres de la misma opinión que el sabio o no?

—No sé, mi dulce príncipe —le dije mientras acariciaba su corta y suave melena—, pero no creo que sea nada bueno —le auguré—. Todas esas visiones, circunstancias y momen-

tos vividos en tu sueño me dejan un tanto desconcertado. Déjame pensarlo de todas mane-
ras y mañana a lo mejor te puedo decir algo
más consistente.

ÚLTIMA PARTE

A la mañana siguiente sabía que al verlo lo primero que me iba a preguntar sería si compartía la misma opinión que el oriental así que ya estaba preparado para su pregunta. Efectivamente cuando tuvimos un rato para estar solos, de nuevo me lo cuestionó, pero yo no quise contestarle porque ya intuía casi a ciencia cierta qué significaba aquél sueño suyo tan opaco. Tuve mucho miedo a que escuchara mi versión, así que le contesté que aún no me atrevía a darle una respuesta. Sin embargo le dije que no se impacientara y que intentaría encontrar algo. Tras haberlo visto la noche anterior en tan mal estado, mi conciencia me impedía irme otra vez y abandonarlo a su suerte. En la corte ya nadie le hablaba prácticamente y esto lo hacía sentirse cada vez peor. Cuando su tío junto con su madre, aquel mismo día le comunicó que sería mejor que se fuera a Inglaterra una temporada y así quitarse de en medio el problema, no se lo tomó tan mal como en principio se creía. Recibió la noticia con agrado puesto que pensó que un cambio de aires le vendría muy bien. Se tornaron pues los papeles. Ahora era él el que se iba a marchar y no yo. Volveríamos a estar separados y no era una buena noticia que se dijera pero todo era por el bien de mi dulce príncipe. Ahora en la frialdad y soledad de los muros del castillo yo lo echaría de menos. Sería yo el que le mandara cartas llenas de melancolía y de cierto desespero sabiendo que estaba lejos de mi regazo y yo de acariciar su pelo. Una vez que partió rumbo a tierras inglesas empecé a añorarlo y a comprender qué sentía cuando yo no estaba. Especialmente ese momento mágico de la noche en el que entraba en mis aposentos y aprovechando que estaba yo sentado en la cama, se arrodillaba y ponía su cabeza en mi regazo para que lo consolara mientras le acariciaba el pelo. Pero así estaban las cosas. Mis temores de que lo asesinaran eran cada vez mayores, a pesar de intentar mantenerme distraído con los asuntos militares y cumpliendo como podía las órdenes de mi amado amigo de intentar averiguar quién mató a las dos mujeres. Sabía que Rosencrantz y Guildenstern lo habían acompañado y nunca me he fiado mucho de esos dos tipejos. Quería disipar esa incertidumbre pensando que Hamlet era un tipo listo y que sabría cómo deshacerse de ellos. Pasaba mes tras mes. Su recuerdo empezaba a difuminarse cada vez más y esto me entristecía también. Las cartas eran el único medio que teníamos para saber el uno del otro. La palabra impresa y perecedera hasta que aguantara el papel. Las leía y releía tumbado en mi cama y me imaginaba cómo serían en realidad todas las anécdotas que me contaba. Me describía casi al detalle como eran sus nuevas compañías femeninas inglesas. Algunas mañanas cuando paseaba por los caminos de los jardines parecía como si lo estuviera viendo allí tumbado en la hierba o simplemente paseando con la cabeza agachada y las manos atrás en pose casi religiosa y orante. Estaba algo más tranquilo pues sabía que a Hamlet no lo habían matado. Sin embargo luego se supo que los dos secuaces del rey Claudio, Rosencratz y Guilderstein, habían sido asesinados no se sabía aún por quién. Aunque yo me podía hacer una idea. En sus cartas de vez en cuando me preguntaba sobre el sueño y si había descubierto ya su significado pero yo le contestaba diciéndole que aún no lo sabía muy bien y que era mejor que lo habláramos cuando volviera.

Unos meses antes de que regresara sucedió algo tremendo en el castillo pero no le conté nada para no preocuparlo. Prefería igualmente que estuviera él aquí para que lo supiera. Contar cosas tan importantes y trágicas al mismo tiempo no me ha gustado nunca al igual que tampoco el saberlo por boca de otros y de oreja a oreja como se suele decir. Sin embargo y al igual que me escribió cuando ya estaba a punto de regresar al castillo, me mandó, según supe luego, una misiva manifestándome el temor de que de nuevo algo tremendo había ocurrido en la corte. Supe luego que no le había llegado y que probablemente en unas semanas mi carta vendría de vuelta sin haber sido leída aún pues Hamlet ya estaba conmigo. Se pueden imaginar en qué postura nos podrían encontrar los primeros días que llegó al castillo. La preferida nuestra. Yo acariciándole su suave pelo y él con su cabeza echada en mi regazo, esta vez mucho más pegado a mí, cosa que me agradaba en gran medida.

Paseos y cementerios. Esos dos lugares habían ejercido para él cierta atracción. Hamlet, como es de sobra conocido, fue siempre un joven muy pensativo y melancólico y con todos los acontecimientos que en los últimos años le habían sucedido, esto se incrementó de una manera notable.

Al llegar de Inglaterra la primera noticia que recibió fue la trágica muerte de Ofelia. Siempre la quiso y eso lo sabía ella y por supuesto yo. Quizás la muchacha se fue de este mundo con una idea equivocada pero ¿acaso conocía las infidelidades con las víctimas para poder hacerse una idea de lo que estaba pasando su linda y pura alma? ¿Por un casual conocía la bella desgraciada quién fue el culpable o culpables en este caso de la muerte de su padre? No. Rotundamente no lo sabía. Por eso erró en su decisión de que el agua del río inundara sus pulmones y toda entera hasta no ver jamás la superficie. Hasta no poder saber nunca que él siempre la quiso. Siempre. Y yo lo sabía. Sí. Yo lo sabía. Yo siempre supe muchísimas cosas de su vida. Cosas por supuesto ocultas. Su cara más escondida y secreta. La que nadie se atrevía a mostrar por su condición real. Bajo amenaza de muerte estaban las cabezas que se atrevieran a desvelar ese lado escondido del dulce joven. De mi mejor amigo. De mi amigo del alma. De mi compañero. Al que quise como nunca he querido a nadie. Por el que hubiera dado mi vida entera si me hubiera pedido algo así. Sí. Lo reconozco aquí. Delante de la hoja en blanco. En la soledad de quien manifiesta sus sentimientos con sus manos y dedos expresándolo en términos, concretos u abstractos pero término al fin y al cabo. Con un principio y un final. Pero si no fuera por ellos ¿qué sería de nosotros, mudos y hasta sordos, pues? ¿y cómo se sentiría mi corazón sin poder expresarlo?

Le acompañé al entierro de la gentil Ofelia y pude ver cómo caían larguísimas lágrimas de sus ojos. Tanto dolor me provocó el brillo de estas con la luz de la luna mientras estábamos agachados viendo el sepelio, que yo mismo empecé a llorar también. Era tan joven y llena de vida que verla así fue muy duro y ver a mi amigo cómo lo veía, más duro todavía. Así pasó y aún tenía que darle otra noticia. Llevaba tan solo un día en el castillo y se iba a enterar muy pronto. Prefería que se enterara por mí antes que por otras fuentes. Aunque había pasado ya mucho tiempo de lo sucedido, tarde o temprano se iba a dar cuenta. Pero aquella noche no fue la mejor para contárselo. Tenía que saber esperar y no precipitarme. Ese brillo de sus lágrimas se me quedó grabado en mi retina.

No había pasado ni una semana del entierro de Ofelia cuando por fin me decidí a contárselo. Uno de mis grandes defectos es que no puedo guardarme por mucho tiempo lo que sé. Aunque me doliera y a él aún más tener que hacerlo. Decidí ir a visitarlo a su alcoba. Era por la mañana temprano y cuando entré lo llamé con voz no muy fuerte por si todavía estaba descansando. Su cuarto era enorme. Con todo lujo de detalles: tapices, dorados por todas partes y todo el suelo cubierto de alfombras orientales. No lo veía por ninguna parte de la estancia así que lo esperé sentado. De pronto apareció por la puerta.

—Hamlet —lo llamé algo preocupado—. Estaba esperándote.

Su rostro me pareció que manifestara mucha más tribulación incluso que el día anterior. Tenía unas ojeras profundamente marcadas y parecía incluso que hubiera envejecido unos meses en tan solo un día. Me dio tanta pena verlo que decidí no contarle nada. Seguramente se enteraría pronto pero decidí no ser yo quien se lo dijera. Tendría que esperar para oírlo. Esa mañana me contó lo de que se había organizado el duelo con Laertes y que tanto su tío, su madre y alguna gente de la corte actuarían como testigos. Le pregunté que cuándo sería y me dijo que justo al día siguiente:

—Ten mucho cuidado —le advertí—. No te fíes de los zorros estos. Son lobos disfrazados de corderos. Unas bestias inmundas.

Me dijo que no me preocupara pero aquella noche dormí fatal pensando en el desenlace y que aún no le había contado el trágico suceso ni tampoco que ya sabía el significado del sueño. Con todo esto en mi cabeza llegó la mañana del día siguiente sin apenas haber pegado ojo. Cuando llegué al salón de ceremonias todo estaba ya dispuesto: Hamlet en un extremo y Laertes en el otro perfectamente ataviado. Presidiendo su madre junto a su tío. Claudio había mandado servir unas copas de licor para que aquel evento en el que el príncipe era el triunfador pasara mejor por sus gargantas. Reconozco que a mí siempre me ha gustado controlarlo todo y aunque me acerqué al príncipe en varias ocasiones, preferí quedarme en una esquina donde podía ver las caras de todo el mundo al descubierto.

Empezó la lucha entre los dos. Hamlet pareció vencedor al principio frente a un Laertes algo aturdido. Su madre lo animaba y su tío permanecía en silencio. En uno de los descansos, se me acercó y no tuve más remedio que contarle lo sucedido a Alise, la bella criada de larga melena rubia, aperitivo de muchas de sus noches antes de echarse a dormir. Cuando se lo conté, sus ojos cambiaron completamente de expresión como yo me temía. Entonces vi que arremetió contra Laertes aún con más fuerza con su espada quizás como un medio de expulsar su ira al conocer la terrible noticia. Pero lo que no sabía era que la espada del hijo de Polonio estaba envenenada y que le había clavado su punta en el costado. De nuevo se me acercó y entonces al ver el inminente desenlacé me acerqué a su oído y le desvelé en pocas palabras el significado del sueño que tanto insomnio le había provocado. Sí. Le dije que su sueño era una premonición de su muerte. De la misma manera que se lo reveló el sabio. Que iba a morir tal y como lo había soñado y que aquella mañana él mismo podría haber comprobado que todo se había cumplido. Entonces exhausto y contaminado su organismo cayó al suelo y me habló encomendándome la misión de narrar su valerosa acción. Y así fue todo. Su madre, su tío, Laertes y ahora él muertos. Nunca olvidaré la cara de sorpresa primero y luego de horror cuando ámbos reyes bebieron la copa envenenada. Sus ojos desorbitados me persiguen por la noche e impiden que me quede dormido plácidamente. Tan solo quedé yo, Horacio, como único testigo conocedor de sus acciones algunas descubiertas y otras ocultas. Como único responsable pues de mostrar la cara desconocida del príncipe. La cara oculta de Hamlet. La que nadie supo nunca.

EPÍLOGO

La corona noruega que es la que reina ahora en Dinamarca le rindió todos los honores habidos y por haber a Hamlet, lo cual agradeció todo el pueblo. Tenía muchísimas virtudes tal y como todo el mundo puede saber pero quizás una de las mayores es que era tremendamente popular y en eso no hay discusión ninguna. El pueblo lo amaba por su extremada simpatía y cercanía a todos. Prefería hablar con un campesino o un obrero antes que hacerlo con una persona letrada o culta. Por esto gozaba de tanta fama entre todo el mundo. Ahora la vida aquí es más tranquila que antes. Sin embargo para mí no. Sufro por dentro tanto tormento que la mayoría de las noches duermo fatal. Me despierto y me es difícil conciliar luego el sueño. Creo que veo cosas raras en la oscuridad. Y han sido tantas cosas las que hice, quizás mal, que ha llegado un punto que ya no lo puedo soportar más y me ha llegado la hora de confesar y contaros toda la verdad. Mostrar mi cara más oculta al igual que he mostrado en todas estas páginas la de mi mejor amigo. Es de noche y por casualidad ahora luce una luna espléndida, parecida o igual a la que a él le gustaba contemplar. Así pues con la luna como testigo confieso lo siguiente:

Sí. Yo fui quien asesinó a sangre fría a todas sus amantes menos a Ofelia que se suicidó. Era tanto mi, no voy a decir cariño, sino amor el que sentía por él que no podía aguantar verlo con otra que no fuera yo. Sé que lo que hice fue monstruoso pero ¿acaso no era monstruoso también todo el tormento que yo sufría en silencio en mi interior? Quien lea esto no se puede ni imaginar el dolor que puede generar ver a la persona que más amas con otra y luego con otra y luego con otra. Así tres o cuatro o cinco amantes o las que fueran. No lo deseo a nadie. Ni a mi peor enemigo como se suele decir. Fue un auténtico calvario el que sufría yo. Cansado ya, decidí actuar. Mi única alternativa era el crimen. Sí. Tal como suena. CRIMEN. Pero no fueron crímenes normales. No. Fueron crímenes por amor. Considero que una persona puede cometer un asesinato por diversos motivos pero los que yo cometí fueron por el más profundo amor que nunca jamás sentí.

La primera, Helena, sucedió de la siguiente manera.

Aproveché que nadie sospechaba de mí pues me había ido de campaña con el ejército. Al no estar muy lejos del castillo, una noche me desperté cuando todos dormían. Cogí mi caballo y las herramientas necesarias. Me fui al castillo y esperé a Helena en el granero. Aquella misma tarde había mandado a uno de mis inferiores con una misiva avisándole de que había concertado una cita con ella y Hamlet, como siempre solían hacer. Cuando llegué, ella estaba en la puerta del granero esperándome. La subí a mi caballo y nos adentramos en el bosque donde se halla el refugio secreto de Hamlet, el *amadero*, como a él le gustaba llamarlo. Un lugar muy escondido en el bosque que nadie sabe de su existencia excepto su madre, su padre ya fallecido y yo, como amigo y cómplice de sus escarceos. Bueno, y por supuesto sus amantes. Nos metimos en la caseta y allí mismo la maté. Con un hacha y aprovechando un despiste le corté la cabeza primero para que no hablara ni gritara y luego le fui cortando sus miembros solo por las articulaciones. El día de antes le había robado el mastín a Adrián el campesino. Entonces una vez hecho el destrozo se los eché al perro para que aparentara que la había cogido un perro de presa y no ningún humano. Luego con los huesos mordidos y ensangrentados me fui y los eché por varios sitios para despistar así como dejé una de las dagas de Claudio. Sé que soy un principiante en asesinar amantes pero se me ocurrió arrojar huesos de animal para confundir aún más al que primero los encontrara. El perro lo solté y nada más se supo de él. ¡Qué pena que luego se encontrara la nota que Helena guardó celosamente como el resto de todas las que el príncipe mandó! A partir de ahí ya empezaron a sospechar de mí sus padres y luego todo se supo por mi afán de sinceridad.

En cuanto a Elizabeth, me la llevé igualmente al *amadero* y le cosí viva el trapo en sus partes y al verla que sufría mucho la colgué directamente del árbol para que dejara de hacerlo. La muerte de Alise fue más dulce puesto que le pagué para acostarse conmigo y una vez encima de mí la agarré del cuello y la estrangulé mientras me producía placer.

Recuerdo ahora sus palabras con nostalgia y hasta melancolía en aquellas mañanas otoñales: dormir, morir, soñar ¿acaso no es lo mismo?, y me pregunto, ¿cómo pudo ser tan sabio a pesar de su edad? ¿Cómo pudo saber su final mucho antes de que se produjera y que sus palabras expresaran eso precisamente?

¿Acaso no es lo mismo? ¿No fue igual para él haber estado con Helena ya muerta en su cama que cuando estaba viva? ¿Hay alguna diferencia acaso entre una cosa y otra si la quiso y sintió, en aquellas noches de otoño, totalmente igual o quizás hasta mejor? Porque no sintió la estrechez del cuerpo y la carne sino la libertad y el conocimiento de que sí que hay una vida posterior a esta, en la que como decía él, nos liberamos de la estrechez y los dolores de la enfermedad corporal. Él ya está libre en espíritu y yo, con la narración de lo que le pasó, haré todo lo posible para que también lo esté en inmortalidad. Sin embargo permaneceré aquí mientras esté encerrado en esta prisión del cuerpo y también de mi conciencia. Solo hice daño a sus amantes. No sé si me perdonará pero desde aquí, en la soledad de mi escritura, me confieso y acepto mi culpa que solo procede de mi enorme enamoramiento de toda su persona. Todos tenemos una cara oculta. La de él fue su gran amor a la verdad, a la amistad, a las mujeres, a la sabiduría y la justicia. Murió como lo que fue en vida: un héroe. No sé si está bien decirlo por mi parte o no pero así fue. Ahora lo echo de menos y me lo imagino paseando por su camino preferido o sentado en la hierba practicando secretamente el juego amoroso con Helena y riéndose y tirándose pétalos de flores el uno a la otra como si estuvieran iluminados por el estribillo de una canción. Aquí, de noche y en la soledad de mi cuarto, contemplo desde mi ventana la luna y medito sobre el misterio de su cara oculta y me doy cuenta de que estará oculta para nosotros pero no para otros que quizás puedan verla. Porque en realidad no hay ningún tipo de ocultamiento en la naturaleza porque al final todo se desvela. Al final es solo cuestión de que el blanco prevalece sobre el negro, de que la luz permanece sobre la oscuridad.

Igual que el pelo que lucimos de jóvenes se torna blanco en nuestra vejez o lo mismo que los ojos verdes de Helena se volvieron blancos al ser asesinada por mí o igual que las hojas verdes cambian de color y se vuelven cada vez más claras en el otoño o lo mismo que el almendro muestra su flor blanca después de haber estado oculta. ¿Y el polvo en el que todos nos convertiremos?, ¿de qué color es sino blanco mostrando su verdadera naturaleza? ¿Y cómo era el pelo de Alice o el hueso de Helena que con tanto celo guardó? Al final nada permanece escondido. Nada. Nada es oscuro. Ahora en la soledad de mi cuarto y entrando tenuemente la luz de la luna por la ventana empiezo a ver cómo todos los fantasmas de Helena, Elizabeth y Alise me están rodeando. Intuyo que esta noche tendré poco sueño.

ÍNDICE

© Eva Mª

Juan Maíllo nació en agosto de 1966 en Lucena (Córdoba). Después de haber vivido en casi 20.000 sitios, actualmente reside en Huelva. Estudió Filología Inglesa entre las universidades de Córdoba y Granada y es profesor de inglés en la enseñanza secundaria. Se sintió atraído por la literatura desde joven gracias a sus padres y conoció a Hamlet precisamente por su madre que le contaba la historia en la salita de casa. Desde entonces no se ha separado de él. Esta novela es un homenaje a ella y al personaje. Ha publicado en la revista de literatura *Angélica* y colabora mensualmente en otras revistas literarias como *Salitre* y *Emblogrium*. Sus relatos han aparecido en dos antologías de esta misma editorial: *400 palabras, una ficción* y *Límite 999 palabras*. En 2013 apareció su primera novela *Los asesinos*, primera parte de la *Trilogía del Abandono*, aún inéditas las dos siguientes, que también se puede encontrar en Ediciones Letradepalo. En 2014 ganó el premio al mejor relato histórico del IES Fuentepiña.